MARCO POLO

USA WEST

Reisen mit Insider Tipps

Ich liebe vor alle
sowie das Klima
in Arizona und N
Man geht morge
tiefblauer Himme
auf der Haut. Traumhaft.

MARCO POLO Autor
Karl Teuschl
(siehe S. 143)

Spezielle News, Lesermeinungen und Angebote zu USA West:
www.marcopolo.de/usa-west

USA WEST

> SYMBOLE

Insider Tipp **MARCO POLO INSIDER-TIPPS**
Von unserem Autor für Sie entdeckt

★ **MARCO POLO HIGHLIGHTS**
Alles, was Sie im Westen der USA kennen sollten

SCHÖNE AUSSICHT

▶▶ **HIER TRIFFT SICH DIE SZENE**

> PREISKATEGORIEN

HOTELS, MOTELS, B & B

€€€ über 150 Euro
€€ 80–150 Euro
€ unter 80 Euro

Die Preise gelten für ein Doppelzimmer pro Nacht zur Hochsaison ohne Frühstück. Einzelzimmer sind selten billiger.

RESTAURANTS

€€€ über 27 Euro
€€ 15–27 Euro
€ unter 15 Euro

Die Preise gelten für ein Hauptgericht mit Suppe/Salat abends (mittags meist günstiger).

> KARTEN

[120 A1] Seitenzahlen und Koordinaten für den Reiseatlas USA West

[0] außerhalb des Kartenausschnitts

Karten der Nationalparks Grand Canyon, Yosemite und Yellowstone finden Sie im hinteren Umschlag

Zu Ihrer Orientierung sind auch die Orte mit Koordinaten versehen, die nicht im Reiseatlas eingetragen sind

INHALT

> SZENE

S. 12–15: Trends, Entdeckungen, Hotspots! Was wann wo in USA West los ist, verrät der MARCO POLO Szeneautor vor Ort

> 24 STUNDEN

S. 100/101: Action pur und einmalige Erlebnisse in 24 Stunden! MARCO POLO hat für Sie einen außergewöhnlichen Tag in Seattle zusammengestellt

> LOW BUDGET

Viel erleben für wenig Geld! Wo Sie zu kleinen Preisen etwas Besonderes genießen und tolle Schnäppchen machen können:

Gratis in die Fernsehshow S. 36 | Für 60 Euro ein Apartment am Hafen von Newport Beach S. 48 | Dress for less S. 59 | Auf ewig umsonst: die heißen Quellen von Thermopolis S. 72 | Kostenloser Unterricht in Line-dancing und Twostep in Dallas S. 86

> GUT ZU WISSEN

Was war wann? S. 10 | National Parks Pass S. 20 | Spezialitäten S. 26 | Bücher und Filme S. 51 | Blogs & Podcasts S. 52 | Gästeranches S. 74 | Mormonen S. 78 | Pit-Barbecue S. 88 | Währungsrechner S. 110 | Wetter in San Francisco S. 112

AUF DEM TITEL
Ranchbesuch in den Rockies S. 74
Im Schlauchboot über die Stromschnellen des Colorado S. 104

ENTDECKEN SIE USA WEST!

Unsere Top 15 führen Sie an die traumhaftesten Orte und zu den spannendsten Sehenswürdigkeiten

Die Highlights sind in der Karte auf dem hinteren Umschlag eingetragen

1 Cheyenne Frontier Days
Das größte Rodeo Amerikas – mit Planwagenrennen und Bullenreiten (Seite 23)

2 Getty Center
1 Mia. Dollar kostete der postmoderne Palast in den Hügeln über Los Angeles. Eine großartige Hommage an die Kunst (Seite 34)

3 Pacific Coast Highway 1
Die schönste Küstenstraße Amerikas: steile Felsen um Big Sur und Serpentinen ins blaue Nirwana (Seite 37)

4 Telegraph Hill
San Francisco von oben: ein fabelhafter Rundblick über die City vom Golden Gate bis zur Oakland Bridge (Seite 40)

5 Yosemite Nat. Park
Ein überwältigendes Naturerlebnis mit 3000 Jahre alten Mammutbäumen und zahlreichen Wasserfällen (Seite 41)

6 Mount St. Helens
Wie eine Mondlandschaft wirkt die tödliche Explosionszone des Vulkanausbruchs von 1980 (Seite 49)

7 Future of Flight/Boeing
In der gigantischen Werkshalle von Everett bei Seattle rollen die funkelnagelneuen Jumbojets vom Band (Seite 53)

8 Bryce Canyon Nat. Park
Wunderbares Wanderrevier: ein Labyrinth aus bizarren Felssäulen (Seite 57)

> DIE BESTEN MARCO POLO HIGHLIGHTS

9 Grand Canyon Nat. Park
Die größte und berühmteste Schlucht der Welt muss man einfach gesehen haben. 1600 Höhenmeter schwindelnde Steilwände und rote Tafelberge (Seite 59)

10 Bellagio Resort
Wasserspiele in der Wüste: In Las Vegas ist nichts unmöglich – einer der Beweise hierfür ist dieses Megakasinohotel mit tanzenden Wasserarkaden und Kunstgalerie (Seite 61)

11 Aspen
Amerikas St. Moritz: mehr als nur ein Wintersportparadies, denn hier trifft sich die Szene im Winter wie im Sommer – auch Hollywood ist stark vertreten (Seite 70)

12 Buffalo Bill Historical Center
Alles was Sie schon immer über Indianer und den Wilden Westen wissen wollten, wird in Cody gezeigt (Seite 72)

13 Old Faithful
Der berühmte Geysir im Yellowstone Nat. Park schießt seine Fontäne bis zu 60 m hoch (Seite 79)

14 Mount Rushmore & Crazy Horse
Die Walhalla des amerikanischen Patriotismus – mit vier Präsidenten hoch in der Felswand der Black Hills von South Dakota (Seite 84)

15 Billy Bob's
Der größte Westernsaloon der Welt. Bei Billy Bob's in Fort Worth gibt's jeden Abend Countrykonzerte (Seite 87)

Monument Valley

AUFTAKT

Amerikas Westen ist seit jeher ein Land der Verheißung. Früher lockten Gold, Öl und freies Land die Siedler. Heute sucht man oft ein ganz persönliches Erlebnis von Freiheit und Abenteuer. Zu Recht, denn in grandiosen Landschaften, bekannt aus ungezählten Roadmovies und Western, lassen sich hier beim Rafting oder Biken, beim Surfen und Skifahren neue Erfahrungen sammeln, kann man herrlich verrückte Traumstädte wie San Francisco oder Las Vegas erleben oder in großartigen Nationalparks staunend vor feuerroten Schluchten und dampfenden Geysiren stehen. Amerikas Westen hat nichts von seiner Faszination eingebüßt.

WAS WAR WANN?

Geschichtstabelle

Vor 15 000–30 000 Jahren Die Vorfahren der Indianer ziehen über die Beringstraße nach Alaska

Ab 1538 Spanier erkunden von Mexiko aus den Südwesten, López de Cárdenas entdeckt den Grand Canyon

1769 Gaspar de Portola findet die San Francisco Bay

1803 Louisiana Purchase: Präsident Jefferson kauft von Napoleon das Land westlich des Mississippi

1845 Die USA erobern das Gebiet der heutigen Staaten Arizona, New Mexico, Texas, Colorado, Utah, Kalifornien

1849 Goldrausch in Kalifornien

1869 Fertigstellung der transkontinentalen Bahnlinie

1872 Yellowstone wird zum ersten Nationalpark der Welt erklärt

1906 Starkes Erdbeben in San Francisco

1926 Eröffnung der 3600 km langen Route 66 quer durch den Westen

1941 Entwicklung der Atombombe in Los Alamos, New Mexico

1967 Die Hippies der Flower-Power-Bewegung feiern den Sommer der Liebe in San Francisco

1980 Der Kalifornier Ronald Reagan wird Präsident der USA

1991 Nafta-Vertrag (Freihandelsabkommen mit Mexiko/Kanada)

2001–2003 Die Anschläge vom 11.09. und der spätere Irakkrieg lassen den internationalen Tourismus einbrechen

2008 Die Immobilienkrise der USA trifft besonders Süd-Kalifornien und Nevada

Küstenbergen Kaliforniens wachsen über 100 m hohe Redwoods und am Westhang der Sierra Nevada die seltenen Sequoias, 3000 Jahre alte Mammutbäume mit bis zu 10 m Stammdurchmeser – Superlative kann der Westen reichlich bieten.

Wirklich spektakulär wird es im Südwesten, in der Region des Colorado-Plateau von Utah, Arizona und New Mexico. Hier haben der Colorado River und seine Nebenflüsse fantastische Canyons in die roten Sandsteinfelsen geschnitten. Dies sind die Kulissenwelten der großen Hollywoodwestern und von Roadmovies. Hier liegen die schönsten Nationalparks und Naturwunder Amerikas und natürlich der Grand Canyon. Südlich davon beginnt entlang der Grenze zu Mexiko eine weitere Großlandschaft: die Sonorawüste, in der pittoreske Saguarokakteen ihre Arme gen Himmel recken, wo einst die Apachen unter Geronimo gegen die US-Kavallerie kämpften – und wohin heute die Winterurlauber in Scharen aus dem kalten Norden flüchten. Nicht weniger grandios ist die Pazifikküste ganz im Westen. Eine Küste, die zu Recht als eine der schönsten der Welt gilt. Mit langen Sandstrände im Süden, wilden Klippen, Dünen und Buchten im Norden. Besonders berühmt ist die Steilküste entlang des Highway 1 in Kalifornien: die vielbesungene Traumstraße der Welt.

Eingebettet in den berauschenden Naturszenerien des Westens liegen die Städte, manche übrig geblieben aus der Goldgräberzeit, manche noch heute Treffs für die Cowboys und manche mutiert zu schicken Urlaubsorten – alle jedoch mit einer wechselvollen Geschichte voller Wildwestanekdoten und skurriler Begebenheiten. Sie haben viel zu erzählen, die kleinen Nester des Westens. Dazwischen, meist abgelegen im Hinterland, liegen die Reservate der Indianer, der einstigen Herren des

Pumas, Amerikas größte Wildkatzen, leben vorwiegend in den abgelegenen Gebieten der Rockies

Landes. Erst in jüngster Zeit regt sich ein kulturelles Erwachen. In den Reservatsdörfern aber herrscht oft noch Tristesse, es ist schwer für die Indianer, neue Lebensinhalte im modernen Amerika zu finden.

Ganz anders präsentieren sich die Metropolen. Städte wie Los Angeles, San Francisco, Phoenix, Dallas, Seattle oder Denver sind Hochburgen des „American Way of Life“:

> Das Gefühl der Freiheit wartet in den grandiosen Naturparks

vital, jung, in sich selbst verliebt und in ihren Trends dem alten Europa meist einige Jahre voraus. Gerade auch sie machen auf einer Reise in den Westen das Erlebnis Amerika aus. Das Gefühl der Freiheit und der Weite aber wartet draußen auf den Highways des Westens und in den grandiosen Naturparks. Dort wird man bald auch die kribbelnde Abenteuerlust verspüren, die bestimmt schon die Pioniere auf dem Oregon Trail antrieb.

TREND GUIDE USA WEST

Die heißesten Entdeckungen und Hotspots! Unser Szene-Scout zeigt Ihnen, was angesagt ist

Joshua Ratliff
kennt die westliche USA wie seine Westentasche. Kein Wunder, schließlich ist unser Szene-Scout in Seattle zu Hause und reist gern durch die Region. Auf der Suche nach Trends, trifft man ihn entweder in einem der innovativen Restaurants oder Nightlifetempel. Außerdem liebt unser Szene-Scout den relaxten Lifesytle und das Klima an der Westküste.

SCHRÄG & SPASSIG

Kuriose Happenings

Skurrile Events sind die Publikumsmagneten in USA West. In Seattle und Portland steht der *Urban Assault Ride (www.urbanassaultride.com,* Foto*)* hoch im Kurs. Bei der funky Schnitzeljagd per Bike oder anderen fahrbaren Untersätzen müssen 2er-Teams an diversen Checkpoints verrückte Hindernisse und witzige Rätsel bewältigen, danach feiern alle Teams zusammen. In Tempe, AZ, treten die Teilnehmer der *Great Cardboard Regatta (www.rotaryriverrally.com)* auf dem Tempe Town Lake in Pappbooten gegeneinander an. Hingucker sind die verrückten Formen der Boote. San Antonio, TX, veranstaltet einen Rock 'n' Roll Marathon: Während die Läufer auf den Marathon- und Halbmarathonstrecken ihr Bestes geben, spielen 70 Livebands am Wegesrand *(www.rnrsa.com)*. Entenwettrennen und Tortilla-Weitwurf stehen beim *Great American Duck Race* in Deming, NM, auf dem Programm *(www.demingduckrace.com)*.

SZENE

▶▶ ELEKTRO-EXPERIMENTE

Beats aus der Dose

Elektronische Musik erlebt einen neuen Hype an der Westküste. Die Künstler mixen und experimentieren drauf los und schaffen neue Genres. Mark Farina *(www.myspace.com/markfarina)* ist anerkannter Trendsetter in Sachen chillige Downtempo-Beats, und was er auflegt, wird Kult. Seine lässigen Auftritte erlebt man z. B. in *The Park Ultra Lounge (15th St., Sacramento, CA, www.theparkdowntown.com)*. Spannend: Er Don. Der DJ aus Seattle experimentiert mit einem Mix aus Elektro-Akustik und spielt ruhige Live-Electronic *(www.myspace.com/erdon)*. Elektro vom Feinsten in spektakulärer Location gibt's im *The Church Club* in Denver. Eine alte Kirche wurde hier zum Danceclub umgebaut. Abtanzen mit Wow-Effekt *(1160 Lincoln St., CO)*.

▶▶ BURGER CUISINE

Fastfood war gestern

Der Burger bekommt ein Makeover. Bei den extravaganten Luxusversionen kommen z. B. Lamm, Spanferkel, Hummer, Bison oder Kobe-Rind zum Einsatz. Dazu gibt's Gourmetkäse, Brotvarianten von Ciabatta bis Brioche und selbstgemachte Saucen. Im *Blu Burger Grille* in Scottsdale, AZ (*15425 North Scottsdale Rd., www.bluburger.com*), kann man seinen eigenen Burger zusammenstellen. Zur Wahl stehen neben Zwiebel- oder Mohnbrötchen sieben Käsesorten, 13 Saucen, dazu Gemüse und Spezialtoppings wie karamellisierte Zwiebeln. Der *Gourmet Burger Grill* in San Antonio, TX, macht seinem Namen alle Ehre: Burger aus Kobe-Beef oder Lamm werden z. B. mit hausgemachter Mango-Avocado-Salsa aufgepeppt *(18414 Hwy. 281 N, Suite 116, www.gourmetburgergrill.com,* Foto*)*. Wer auf Elch-Pfeffersteak-Burger mit Endiviensalat steht, ist bei *Acme Burger Company* richtig *(275 South 200 W, Salt Lake City, UT, www.acmeburgercompany.com)*.

INDIE-DESIGN

Fashion made in the West

Die Nachwuchsdesigner überzeugen mit kreativen Ideen. Holly Stalder arbeitet antike Stoffe und Applikationen in ihre modernen Entwürfe ein *(www.hollystalder.com)*. In ihrer Boutique *Seaplane* hängen auch Teile anderer Indie-Designer *(827 NW 23rd St., Portland, OR, www.e-seaplane.com)*. Jeanne Feldkamp *(601 Minnesota St., San Francisco, CA, www.615project.com,* Foto*)* fertigt ihre Kollektionen mit Couture-Techniken. Ausgefallene Wäsche und Schmuck shoppt man bei Erica Tanov – einer ihrer größten Fans ist Alicia Silverstone (*1827 4th St., Berkeley, CA, www.ericatanov.com*).

BIER-HYPE

Der Gerstensaft erlebt einen Boom

Im Trend liegen Spezialbiersorten, Bier-Sommeliers und Biermenüs. Kein Wunder, dass immer mehr Bierbars eröffnen. *The Cheeky Monk* in Denver trumpft mit einer Speisekarte, auf der zu jedem Gericht das passende Bier empfohlen wird *(534 E Colfax Ave., www.thecheekymonk.com)*. Auch der „Bierkoch" Bruce Paton zaubert in San Francisco Dinner, bei denen Speisen und Biere perfekt aufeinander abgestimmt sind *(www.beer-chef.com)*. Die Expertin Christina Perozzi veranstaltet Bierproben und Seminare *(www.beer4chicks.com)* und berät Restaurants als Bier-Sommelier z. B. *Rustic Canyon Wine Bar & Seasonal Kitchen* in Santa Monica, CA *(1119 Wilshire Blvd., www.rusticcanyonwinebar.com)*.

USA KREATIV

Offene Studios

In immer mehr Städten öffnen Künstler ihre Ateliers und geben Einblicke in ihre Arbeit. Beim *First Friday Art Walk* in Phoenix, AZ, können Kunstfans jeden ersten Freitag im Monat durch 100 Galerien und Ateliers bummeln. Das von der Organisation *Artlink* veranstaltete Event soll das Kunstverständnis der Bevölkerung steigern *(www.artlinkphoenix.com,* Foto*)*. Einmal im Monat öffnen sich auch im Crossroads District von Kansas City die Türen der Kunstateliers *(www.crossroadscommunityassociation.org)*. Jeden zweiten Donnerstag im Monat lädt der *Downtown Art Walk (www.bgfa.us/daw)* in Los Angeles zur Entdeckungstour ein. Mit dabei: die *Gallery at Redact (631W 2nd St.)*

IN-SPORT: BOWLING

Kugeliges Revival

Night-Bowling ist der sportliche Trend der Stunde. Man trifft sich auf neuen, stylishen Bowlingbahnen. *Strike Cupertino* im Silicon Valley wurde von Chris Smith designt, der auch das *Nobu* in New York gestaltet hat: Die Bahnen leuchten im Dunkeln, und jede hat ihren eigenen Videoscreen *(10123 N Wolfe Rd., Cupertino, CA, www.bowlatstrike.com,* Foto*)*. Auf den *Lucky Strike Lanes* in Denver, CO, wird auf riesigen Leinwänden Artwork gezeigt und Türsteher sorgen dafür, dass die Garderobe nicht zu sportlich ist *(500 16th St. Suite 340, www.bowlluckystrike.com)*. Luxusbowling im modernen Interieur gibt's auch im *Club 300* in Dallas. Zur Licht- und Videoshow schlürft man Appletinis und Granatapfel-Margaritas *(3805 Belt Line Rd., Addison, TX, www.3hundred.com)*.

ÖKOMANIE

Alles Bio, oder was?

Nachhaltigkeit und Umweltfreundlichkeit werden immer populärer. Das *Hotel Terra Jackson Hole* in Teton Village, WY, überzeugt mit einem Rundum-Konzept: Es ist in natürlicher Bauweise entstanden, spart Wasser und Strom, und die speziell angefertigten Matratzen sind aus Bio-Baumwolle *(3335 West Village Rd., www.hotelterrajacksonhole.com)*. Das *Moss Wellness Spa* in Scottsdale, AZ, wurde aus ungiftigen Materialien gebaut und bietet Wellnessanwendungen aus Bioprodukten *(7135 E Camelback Rd., Suite 240, www.mossspa.com,* Foto*)*. Schicke Ökomode shoppt man bei *Green by Adeline* in Houston. Nicht nur die coolen Kreationen der Designerin sind Öko, sondern auch die Boutique: Der Store im Zen-Look ist umweltfreundlich und mit Ökomaterialien eingerichtet *(5136 Richmond Ave., www.greenbyadeline.com)*.

PATRIOTISMUS UND UMWELTSCHUTZ

Ein kleines Kompendium ausgesprochen amerikanischer Besonderheiten

CAMPUS

Auch in Europa hat sich der Begriff durchgesetzt, auch dort steht eine Universität auf einem Campus. Doch dort ist das vielleicht nur ein gepflasterter Platz mit verstreuten Seminargebäuden und hat wenig mit dem amerikanischen Campus gemein. Besonders die Elitestätten der höheren Bildung, die *Universities of California* in Berkeley oder Los Angeles, zeigen, was ein Campus wirklich ist: eine nach außen fast geschlossene Gelehrtenrepublik. Überall müssen die jüngeren Semester in *dormitories,* recht karg ausgestatteten Studentenwohnheimen, Unterkunft nehmen. Und die Seminargebäude sind nicht selten Stiftungen ehemaliger Studenten. Dennoch liegen die Studiengebühren in astronomischer Höhe. Doch wer seinen Nachwuchs durch eine gut angesehene Universität

Bild: Bisons im Yellowstone National Park

STICH WORTE

bringt, kann fast sicher sein, dass dem Eintritt in eine gehobene Stellung nichts mehr im Weg steht.

DROGEN

Drogen sind leicht und an vielen Stellen erhältlich. *Crack, crack* hört man an einschlägigen Orten die Dealer rufen, *H* oder *Pot.* Im Norden Kaliforniens ist der (illegale) Anbau von Marihuana leider sogar der bedeutendste landwirtschaftliche Erwerbszweig. Deswegen eine besondere Warnung: Die Amerikaner halten die Rauschgiftsucht für das Problem Nummer eins, und entsprechend hart greift die Polizei durch. Auch Ausländer werden nach den Gesetzen des Landes abgeurteilt – samt Todesstrafe. Und der Aufenthalt im *State Penitentiary* ist weitaus ungemütlicher als in einer europäischen Vollzugsanstalt.

FRAUEN

Den Einwanderern und Siedlern blieb gar nichts anderes übrig, als ihre Frauen gleichrangig zu behandeln. In der Neuen Welt musste die Frau von Anfang an ihren Mann stehen. Spätestens in der Wohlstandszeit nach dem Zweiten Weltkrieg änderte sich die Rolle der Frau. Es galten wieder die drei K: Kinder, Küche, Kirche. Hinter den Kulissen aber hielten die Frauen ihre Position. Daheim zogen sie die Fäden. Seit den 1970er-Jahren und durch die stetig teurer werdenden Lebenshaltungskosten gab es erneut eine Kehrtwende. Damit die Raten für das Häuschen, das wegen der Entfernungen nötige zweite Auto, überhaupt der Lebensstandard gehalten werden konnten, blieb wieder nichts anderes übrig, als dass die Frauen mitarbeiteten. Heute sind mehr als die Hälfte der Jobs, die von *professionals* – im Großen und Ganzen: Hochschulabgängern – besetzt werden, in den Händen von Frauen. Und auch außerhalb von Büros zeigt sich ein Bild, das in Europa noch nicht überall und immer üblich ist: Soldatinnen, Feuerwehrfrauen, Bauarbeiterinnen. Nur ganz oben, da blieb etwas, das die Amerikaner *glass ceiling* nennen, eine unsichtbare Decke, durch die nur Männer in die höchsten Positionen vorstoßen können. San Francisco aber war die erste Großstadt mit einer Bürgermeisterin: Dianne Feinstein.

Mittlerweile hat es sogar eine schwarze Frau geschafft, in den innersten Zirkel der Macht vorzudringen: Condoleezza Rice, unter George W. Bush Außenministerin und engste Beraterin des Präsidenten. Dieser Riss in der Glasdecke war 2008 zwar noch nicht groß genug, dass Senatorin Hillary Clinton, die erfolgreiche Frau des ehemaligen Präsidenten, hätte hindurch schlüpfen konnte. Doch die Realität einer ersten Präsidentin der USA liegt bestimmt nicht mehr fern.

GAY PRIDE

If you're going to San Francisco, be sure to wear some flowers in your hair. Nein, nicht mehr nötig. Scott McKenzies Aufforderung war ein musikalischer Hit – zur Hippiezeit. Tragen Sie etwas anderes: Vorurteilslosigkeit. Denn eines ist San Francisco geblieben: die Symbolstadt schwulen und lesbischen Stolzes, der *gay pride.* Kein ängstliches Sichverstecken, kein Sich-als-andersartig-abstempeln-lassen. *Gay pride* gibt es auch anderswo, wenn auch nicht so demonstrativ. Aber wo auch immer: *If you're going, be sure to wear some acceptance in your heart.*

INDIANER

Amerikas Ureinwohner kamen vermutlich vor 15000 bis 30000 Jahren aus Asien über die Beringstraße nach Amerika. Sie lebten von der Jagd, dem Fischfang und der Landwirtschaft. Aber sie verfügten über keine Schrift, und bearbeiteten kein Metall. So konnten sie außer Namen von Flüssen, Gebirgen und Landstrichen wenig hinterlassen. Anfängliche Freundschaft zu den Eroberern und Siedlern aus Europa wich bald der Feindschaft. Zwangstaufen, Vertragsbrüche und eine geradezu systematische Ausrottung hörten erst auf, als die meisten überlebenden Indianer in abgelegene Reservate verdrängt worden waren. Dort leben heute noch viele, misstrauisch, kulturell zerrissen. Keine Volksgruppe der Vereinigten Staaten ist weniger integriert. Viele von ihnen leben in den Slums der Großstädte oder in ärmlichen Reservaten. Einige jedoch kamen zu Reichtum, da ihnen vielerorts Sondergesetze erlauben, legal Glücksspielzentren zu betreiben. Andere, wie die Cahuilla von Palm Springs, verdienen gut an der Grundstücksspekulation.

KIRCHE

Eine der meistgestellten Fragen lautet: *Which church do you belong to?* Baptisten, Buddhisten, Methodisten, Episkopale, Holy Rollers, Latter-Day Saints (Mormonen), Juden, Katholiken, Moslems, unzählbare Abzweigungen von den Hauptkirchen – die Vielfalt hat mit der Einwanderungsgeschichte zu tun, aber auch damit, dass Staat und Kirche wirklich strikt getrennt sind. Ein Geistlicher muss schon zusehen, dass er sein Gotteshaus voll bekommt. Denn die Kirchen werden ausschließlich von den Spenden ihrer Gläubigen finanziert. Der Staat gibt keinen Cent dazu.

NATIONALPARKS

Die Nationalparks des amerikanischen Westens sind die schönsten, die weitläufigsten und die bestgehüteten der Welt. In den Naturschutzgebieten leben Tiere und Pflanzen weit-

Die Navajo, die vorwiegend in Arizona leben, sind zahlenmäßig die größte indianische Nation

gehend unbeeinträchtigt von den Menschen. Berühmte Parks wie der Yosemite oder der Grand Canyon sind chronisch überlaufen – aber nur an den touristischen Ballungspunkten. Das Hinterland ist wie in den übrigen Parks ruhig, und die Natur so unberührt wie kaum in einem anderen hoch entwickelten Land.

Ein Heer von Park Rangers sowie von überaus engagierten Naturschützern wacht über die Parks, zu denen noch *National Forests* (Wälder), *National Seashores* (Küstenabschnitte) und *National Recreation Areas* (Erholungsgebiete mit Zelt- und Picknickplätzen) kommen, und bemüht sich um ihre Erweiterung. Bundesstaaten und Gemeinden folgten dem vor rund 140 Jahren aufgekommenen Schutzgedanken und stellten ihrerseits *State Parks* oder *County Parks* unter Schutz.

PATRIOTISMUS

Mit wehender Fahne und Trommelwirbel: Amerikaner lieben ihr Land. *Rally around the flag* heißt das Phänomen, bei dem sich in der Stunde wirklicher oder vermeintlicher Not alle um die Fahne sammeln. Kein Parteitag ohne Fahnenmeer, kein Baseballspiel ohne bejubelten Flaggengruß. Würden in Deutschland derartig viele Staatsbanner wehen und so viele Bekenntnisse zur Größe der Nation abgelegt, die restliche Welt würde aufschreien. In puncto Patriotismus verstehen die Amerikaner keinen Spaß, mögen sie keine Kritik hören. *Right or wrong,* heißt der Spruch, *it's my country.*

POLITIK UND GESETZE

Die föderative Ordnung garantiert den 50 Bundesstaaten große Gestaltungsspielräume, besonders im Erziehungswesen und im Strafrecht. Manche praktizieren auf lokaler Ebene direkte Bürgermitbestimmung durch Versammlungen *(town meetings),* in denen etwa über den städtischen Haushalt entschieden wird. Gängig ist überall das Misstrauen gegen jedwede Regierung. Bei Präsidentschaftswahlen eilt gerade mal die Hälfte der Bürger an die Urnen, bei Lokalwahlen kaum ein Viertel. Hohe Beteiligung kommt aber bei Volksentscheiden zustande.

> NATIONAL PARKS PASS

Schlüssel für Amerikas schönste Naturschätze

Bis zu 20 Dollar kostet der Einzeleintritt für ein Fahrzeug in die *National Parks* und *Monuments* der USA – im Verlauf einer Rundreise addiert sich das ganz schön. Doch es gibt eine preisgünstige Alternative: Für 80 Dollar ist am Eingang jedes Schutzgebietes der *America the Beautiful - National Parks Pass* erhältlich. Diese Jahreskarte für ein Privatfahrzeug mit bis zu 4 Erwachsenen (Kinder unter 16 sind kostenlos) gilt auch als Eintrittskarte für *National Monuments* und *Historic Parks.* Infos unter *www.nps.gov*

Vor allem in den Nationalparks sind viele Attraktionen nur per Allradwagen zu erreichen

REDNECKS

Die Sonne brennt, und wer unter ihr arbeiten muss, der wird sich ihr, anders als jemand am Strand, nicht schutzlos ausliefern. Also Baseballkappe auf, T-Shirt an. Der Nacken wird trotzdem rot, die Arme von knapp über den Ellbogen hinab auch. Ein Redneck ist also einer, der in der Sonne arbeitet, typischerweise ein Farmer. Der abfällige Volksmund hat noch mehr aus dem Redneck gemacht. Engstirnige Leute mit aufgemotzten, tiefer gelegten, chromverzierten Autos, langsam Sprechende – eben mehr oder weniger alle, denen großstädtische Raffinesse abgeht.

UMWELT

Auf der Weltbühne haben die USA im Umweltschutz nicht den besten Ruf – vor allem seit George W. Bush das Kyoto-Abkommen zu den Akten legte. In manchen Staaten werden zwar auf eine Getränkedose 15 Cent Pfand erhoben, und die Strafe für das Wegwerfen von Abfall auf der Straße beträgt 500 Dollar. Anderswo, etwa in Hanford im Staat Washington, wurde bei der Plutoniumherstellung für Bomben derart gepfuscht, dass ganze Landstriche radioaktiv strahlen.

Die Amerikaner verbrauchen mehr Energie, verpesten die Atmosphäre stärker und betreiben mehr Raubbau als die meisten anderen Völker zusammen. Andererseits sind ihre Abgasnormen oft strenger als anderswo. Kalifornien ist schon lange führend bei neuen Vorschriften für Autos, und der rasante Anstieg der Ölpreise in neuester Zeit leitet endlich auch in Amerika ein Umdenken ein. Spritthungrige Autos verkaufen sich nicht mehr. Und im Lokal wird nun häufiger auf das einst obligatorische Eiswasser auf den Tisch verzichtet, doch noch immer fließen Millionen Liter des kostbaren Nasses in Hunderttausende selten genutzter Privatpools. Viele Amerikaner sind jedoch durchaus umweltbewusst. Und auch als Tourist kann man beitragen, indem man z. B. die Klimaanlage abschaltet.

RODEOS, PIONIERTAGE UND MUSIK-FESTIVALS

Die Amerikaner feiern viel und gerne

> Paraden und Picknicks gehören für die Amerikaner zu einem richtigen Festtag. Jeder Anlass wird gern genommen: Jahrestage aus der Pionierzeit, Wettbewerbe in teils skurrilen Disziplinen, Musiktage. In den heißen Südweststaaten wird vor allem im Winter gefeiert, weiter nördlich lieber im Sommer. Im Visitors Bureau erfahren Sie, wo das nächste Fest stattfindet.

OFFIZIELLE FEIERTAGE

Staatliche Feiertage fallen in den USA meist auf einen Montag, so wird automatisch ein verlängertes Wochenende daraus. An folgenden Tagen sind Banken, Postämter und viele Museen geschlossen:

1. Jan. *Neujahr;* **3. Montag im Jan.** *Martin Luther King Jr. Day;* **3. Montag im Feb.** *Presidents' Day;* **letzter Montag im Mai** *Memorial Day (Heldengedenktag);* **4. Juli** *Independence Day;* **1. Montag im Sept.** *Labor Day (Tag der Arbeit);* **2. Montag im Okt.** *Columbus Day;* **11. Nov.** *Veterans' Day;* **4. Donnerstag im Nov.** *Thanksgiving Day* (Erntedankfest); **25. Dez.** *Christmas (Weihnachten)*

ANDERE FESTE

Februar

Chinese New Year Knallerei und bunte Drachenparaden in den Chinatowns von San Francisco, Portland und Los Angeles

Mai

Cinco de Mayo Der mexikanische Unabhängigkeitstag wird in vielen Grenzstädten von Texas bis Kalifornien mit Fiestas, Mariachibands und Paraden ausgelassen gefeiert.

Sacramento, CA: Dixieland Jazz bietet das *Sacramento Jazz Jubilee.*

Juni

Portland, OR: *Rose Festival* mit Blumenparaden, Musik und Feuerwerk

Oklahoma City, OK: Zum *Red Earth Festival* kommen Tänzer aus über 100 Indianerstämmen.

San Francisco, CA: *Pride Weekend* der Schwulengemeinde mit großer Parade

Aktuelle Events weltweit auf www.marcopolo.de/events

> EVENTS FESTE & MEHR

in schrillen Kostümen; ähnliche Events auch in anderen Großstädten

Juli

Fourth of July: Picknicks, Paraden und Feuerwerk anlässlich des Unabhängigkeitstages

Colorado oder Wyoming: Wildwest pur beim *Rocky Mountain National Rendezvous* mit Originalkostümen und stilechtem Trappercamp, *www.rmnr.org*

Seattle, WA: Paraden, Flugshows und Straßenkünstler beim dreiwöchigen Volksfest *Seafair*

Cheyenne, WY: Ende des Monats ★ *Cheyenne Frontier Days* mit Rodeos und großen Reiterparaden

August

Sturgis, SD: Hunderttausende Harleyfans treffen sich zur *Sturgis Rallye* in den Black Hills.

Santa Fe, NM: Mitte des Monats *Indian Market*, der älteste Markt für Indianerkunst in den USA

Billings, MT: Indianische Tänze, Rodeo und Jahrmarkt zum *Crow Fair* im Crowreservat

September

Pendleton, OR: Zum *Pendleton Roundup,* einem originalen Rodeo, kommen Profireiter und Westernfans von weither. Insider Tipp

Dallas, TX: *State Fair of Texas*, größter Jahrmarkt der USA mit Rodeo und Countrymusik (bis Mitte Oktober)

Oktober

Albuquerque, NM: Skurril geformte Ballons steigen zur *International Balloon Fiesta* in den Himmel.

Tombstone, AZ: *Helldorado Days* Pulverdampf und Westernparade Insider Tipp

Halloween: Die Kids ziehen abends verkleidet durch die Straßen, Kostümpartys.

Dezember

Lichterketten und *Christmas Parades;* besonders schön: Santa Fe, Hollywood, Salt Lake City, die viktorianischen Orte der Rockies und die Häfen von Newport und Santa Barbara

> EINE HALBE WELTREISE

Dicke Steaks gibt es im Wilden Westen immer noch – dazu aber auch vielfältige Einwandererküchen

> Das erste, was einem angenehm auffällt: Sogar in den einfachsten Coffeeshops werden Sie höflich empfangen und zu einem für Sie frisch gedeckten Tisch geleitett, daher auch die Schilder „Please wait to be seated".

Amerikas Speisekarte ist so international wie seine Bevölkerung. Es gibt kein Nationalgericht, das nicht zu bekommen wäre. Günstig sind die Fastfoodläden, die vorwiegend Hamburger, Hühnchen, Tacos und Pizza servieren. Preiswert und gut sind Chinesen, Thailänder und auch Vietnamesen. Dort kann man – wie in Fastfoodrestaurants – das Essen oft auch mitnehmen *(carry out)* oder bei Tisch nicht bewältigte Reste einpacken lassen *(doggy bag)*.

Günstig sind auch Sandwiches, die allerorten verkauft werden: im Supermarkt, im Drugstore, in Tankstellen, in Delikatessenläden, im Coffeeshop. Aber alles, was einen

Bild: Strater Hotel Saloon in Durango

ESSEN & TRINKEN

nationalen Beinamen trägt – French, Italian, Spanish oder auch nur Classic American Cuisine etc. –, ist mittel- bis sehr teuer.

Wenn Sie nicht gerade darauf erpicht sind, sich endlich einmal im ungeheuren Angebot an Fastfood ergehen zu können – das keineswegs durchgängig zu verschmähen ist –, dann sollten Sie die großen Restaurantketten meiden. McDonald's, Taco Bell, Kentucky Fried Chicken oder Pizza Hut haben alle den Nachteil der Gleichförmigkeit. Ob in Oregon oder in Texas, überall ist die Speisekarte nahezu identisch.

Dabei entginge einem die Chance, regionale oder nationale und ethnische Spezialitäten zu versuchen – und gerade diese machen die Küche des amerikanischen Westens, jedenfalls des äußersten Westens, so interessant und abwechslungsreich. Interessant ist v.a. die junge amerikanische Küche, die in den 1970er-Jahren als *California Cuisine* begann und heute als *Southwest* oder *Northwest Cuisine* allerorts in regionalen Variationen auf die Tische der besseren Lokale kommt. Ihr Grundprinzip: Koche leicht, variiere Rezepturen aus verschiedenen Kulturen – meist Asien und Europa (daher auch der manchmal verwendete Begriff *Fusion Cuisine)* – und nehme, wenn irgend möglich, Produkte von heimischen Märkten. Paradiese für Genießer sind vor allem Los Angeles, San

> SPEZIALITÄTEN

Genießen Sie die typische Küche des Westens!

Appetizer plate with veggies and dip, popcorn shrimp, onion rings – Vorspeisenteller mit Gemüse zum Dippen, frittierten Krabben, Zwiebelringen
Blackened salmon – Lachs, scharf angebraten
Buffalo burger – Hamburger aus sehr magerem Bisonfleisch
Buffalo/chicken wings – kross gebratene Hähnchenflügel
California roll – Avocado und Krebsfleisch in einer Reisrolle
Clam/fish chowder – eine sämige Muschel-/Fischsuppe

Dungeness Crab with drawn butter – großer Krebs aus dem Nordpazifik mit zerlassener Butter
Eggs sunny side up with bacon and hash browns – der Frühstücksklassiker: Spiegeleier, Speck und Bratkartoffeln
Filet mignon with baked potato – Filetsteak mit Kartoffel
French toast – Brotscheiben in Eihülle (Arme Ritter)
Honey lager microbrew – Lagerbier teils mit Honig gebraut
Nachos with guacamole and sour creme – Maischips mit Käse überbacken, dazu Avocadocreme und saure Sahne (als Vorspeise, Foto).
New York steak with garlic mashed potatoes – Steak mit Fettrand, dazu Kartoffelbrei mit Knoblauch
Prime rib with horseradish sauce – sehr zarte, dicke Bratenscheibe mit Meerrettich
Pumpkin pie with whipped cream – Kürbiskuchen mit Sahne
Quesadillas – gefüllte mexikanische Teigfladen
T-bone steak – das größte Steak auf der Karte (mit Knochen)
Seared tuna with sesame crust – Thunfisch mit Sesamkruste
Sirloin steak with corn on the cob – Lendensteak mit Maiskolben
Turkey with stuffing, yams and cranberry sauce – Truthahn mit Füllung, Süßkartoffeln und Preiselbeermarmelade

Francisco und Kaliforniens bekannte Weinregionen. Aber auch in den übrigen größeren Städten werden Sie nicht darben müssen. Oregon und Washington locken mit hervorragendem Fisch, und in den Rockies gibt es Lamm, Forellen und natürlich köstliche Steaks.

Richtig aufregend ist der mexikanische Einfluss in den Staaten entlang der Grenze im Süden: Tacos, Burritos, Enchiladas – die Spezialitäten der Nachbarn werden als mildes Fastfood in den Imbissständen serviert oder in ihrer ganzen Schärfe in richtigen mexikanischen Restaurants (wobei die Speisekarte oft Warnsignale gibt: *hot, very hot).*

Je weiter von der Küste entfernt, desto eintöniger wird die Küche. Schon in den Rocky Mountains, aber erst recht hinter ihnen, werden Sie sich abseits der Großstädte schwer tun, wenn Sie anderes als klassisch amerikanische Küche suchen. Da tut man gut daran, sich an das *breakfast,* und zwar an das *American breakfast* zu halten. Es ist immens und eigentlich nicht zu bewältigen: Saft, zwei Eier, Speck oder Würstchen, Bratkartoffeln, Toast, Gelee, dazu Kaffee, kostenlos nachgeschenkt. Deswegen ist der Lunch nur eine ganz kleine Mahlzeit – typisch dafür: *Soup 'n' Sandwich.* Das frühe Dinner – oft schon gegen 18 Uhr eingenommen – fällt dann wieder mit Steak, Pommes, Salat und Gemüse größer aus.

Egal, welche Spezialitäten es gibt, meist wird zum Essen Eiswasser getrunken. Das Bier ist in Amerika immer eiskalt – und wird dazu noch im tiefgekühlten Glas serviert. Beliebt sind neben dem legendären Bud auch mexikanische Biere wie Corona oder Tecate und immer häufiger *microbrews*, in örtlichen Kleinbrauereien hergestellte Biere. Weine kommen meist aus Kalifornien: würzige Chardonnays und Pinots, aber auch Merlots, Cabernets oder Syrahs, die auf Weinprämierungen weltweit schon viele Lorbeeren geholt haben. Auch Oregon und Washington bauen übrigens heute exzellente Weine an.

Lecker schmeckt ein warmer, mit Butter bestrichener Maiskolben aus der Hand

Kellner arbeiten meist mit nur ganz geringem Grundgehalt. Daher gilt ein Trinkgeld von 15 Prozent als normal. Diesen *tip* lässt man bar auf dem Tisch liegen oder zählt ihn auf dem Kreditkartenbeleg zum Preis dazu. Nur wenige Restaurants in Amerika haben übrigens einen Ruhetag – serviert wird in den normalen Restaurants sieben Tage die Woche, meist durchgehend von 11 bis 22 Uhr. Dazu gibt es in den Städten auch Restaurants die 24 Stunden geöffnet sind, meist sind dies Ketten wie etwa Denny's.

SHOPPING GANZ NACH GUSTO

Boutiquen, Westernläden und Malls bieten eine riesige Auswahl, freundliches Personal inklusive

> Shopping, Shopping, Shopping – ganz Amerika ist, so scheint's, ständig dabei einzukaufen. Auch jene, die es sich eigentlich nicht leisten können, erliegen immer wieder dem Konsumrausch. In jedem zweiten Laden, meint man, wird ein *sale*, ein Sonderverkauf, angeboten. Die Preise sind günstig – und schwupp, schon ist die Kreditkarte am Limit.

SHOPPING MALLS

Shopping findet in den USA vor allem in den Malls statt. Sie als simple Einkaufszentren zu bezeichnen, wäre zu einfach. Manche sehen von außen aus wie große Bunker. Allerdings öffnen sie sich nach dem Vorbild spanischer Landsitze nach innen. Gärten, marmorne Fußböden, Springbrunnen und künstliche Wasserfälle umrahmen Geschäfte ohne Eingangstüren; dazwischen finden sich Cafés, Kinos, Restaurants und Hotellobbies, in denen Livemusik aufgeführt wird. Und in dieser Servicegesellschaft ist der Kunde König. Nichts von jenen „Was-wollen-Sie-eigentlich-hier-Blicken", die in so manchen europäischen Boutiquen an der Tagesordnung sind.

Dank des derzeit günstigen Dollarkurses sind Markenjeans wie Wrangler und Levi's, trendige Sportkleidung, Turnschuhe, CDs und Elektronikgeräte zum Teil erheblich billiger als in Europa. Auch Sportartikel wie Golfschläger, Kosmetik oder auch Vitaminpillen sind oft günstiger. Vorsicht allerdings, die europäischen Zöllner erkennen bei der Rückreise mittlerweile den Wert eines Golfsets, das man von drüben mitbringt. Geräte mit einem Steckdosenanschluss lassen sich normalerweise auf unsere Spannung umstellen oder mithilfe eines Adapters betreiben. Aber erkundigen Sie sich genau, denn nicht alle Elektrogeräte sind vom System her kompatibel.

OUTLET SHOPPING

Fabrikverkauf ist mittlerweile auch in Europa bekannt, doch in Amerika gibt es Discount-Shopping auf der grünen Wiese unabhängig vom Sitz der Fabrik. Outlet-Malls mit manchmal 200 bis 300

> EINKAUFEN

einzelnen Markenläden wie Tommy Hilfiger, Levi's oder Timberland stehen meist weitab der größeren Städte an den Interstate-Autobahnen. Dort sind Ladenmiete wie auch Arbeitskräfte billig. So können die Firmen ihre teils nur für diese Discountläden hergestellten Produkte (meist Klamotten und Schuhe) sehr günstig abgeben. Tipp: Oft gibt es beim Infocenter der Outlet Mall ein Couponbuch mit weiteren Vergünstigungen.

TYPISCH & GUT

Alles, was mit der Cowboy-Kultur zusammenhängt, zählt natürlich zu begehrten Souvenirs aus dem Westen Amerikas: Stetson-Hüte, handgefertigte Stiefel oder Gürtelschnallen etwa. Beliebt sind auch andere Produkte der Region: kleine Kakteen aus dem Südwesten (in Gärtnereien gezogen, denn sie in den Wüstenparks mitzunehmen, ist strafbar), Samen für Redwood-Bäume oder scharfe Salsa aus New Mexico. Und auch eine originale Baseball-Kappe oder ein T-Shirt tun als Mitbringsel gute Dienste.

Häufig werden in kleineren Orten mit künstlerischem Flair wie Santa Barbara, Santa Fe oder Sedona *Arts and Crafts Fairs* veranstaltet. Hier bekommen Sie – neben viel Kitsch – auch hübsche Malerei, Töpferwaren und handgefertigten Schmuck von regionalen Künstlern.

INDIANISCHE KUNST

Sehr schöne Erinnerungsstücke sind Keramik und Kunst der Indianer. Die Sioux und andere Stämme im Norden fertigen Moccasins, aufwendige Perlenstickereien und Lederarbeiten. Die Pueblo-Indianer in New Mexiko stellen großartige Keramik her, jedes Pueblo in einem eigenen, unverwechselbaren Stil. Die Navajo in Arizona sind bekannt für ihre Webteppiche, für Silberschmuck und Sandbilder, die Hopi für kunstvoll geschnitzte Kachina-Puppen. Gute, gesicherte Qualität bekommen Sie in den Museumsläden der Region und natürlich direkt in den Reservaten. Berühmt sind auch die Galerien für traditionelle indianische wie für (teure) moderne Kunst in Santa Fe.

> TRAUMZIEL AM PAZIFIK

Dramatische Landschaften, schillernde Megastädte, ein bunter Mix der Bewohner – der Golden State hat einfach alles

> Amerika liegt in Kalifornien! Kalifornien – mit 36 Mio. Einwohnern der größte Staat der USA – setzt Trends, im Sport und in der Schuhmode ebenso wie in der wirtschaftlichen und technischen Entwicklung.

Man kann es allerdings auch umgekehrt formulieren: Kalifornien liegt nicht in Amerika. Sollte sich eines Tages die San-Andreas-Spalte so verschieben, dass es zum *Big One,* zum ganz großen Erdbeben kommt, dann sowieso nicht mehr. *The Big One* fürchten viele, die ihre Häuser in die Hänge über Beverly Hills gebaut haben. Und überhaupt ist Los Angeles ein ganz und gar künstliches Gebilde. Wüste müsste sich ausbreiten, nicht ein Aneinander von Palmenhainen und Swimmingpools. Die Kraft, die es braucht, um das Wasser aus Nordkalifornien über die Tehachapi-Kette nach L. A. zu heben, ist immens – was Wunder, dass der Strom manchmal knapp wird.

Bild: Golden Gate Bridge in San Francisco

KALIFORNIEN

Und doch: In dem Moloch entsteht Großartiges. Los Angeles ist die Stadt, in der nach wie vor die besten Filme und Fernsehserien, viele Musikhits und die interessantesten Talkshows produziert werden. Nördlich der Tehachapi-Kette liegt Central Valley, der Garten Amerikas, aus dem die Köche San Franciscos frisches Gemüse und exotisches Obst in bester Qualität beziehen. Ah, San Francisco, *The City* sagen ihre Bewohner, als gebe es keine andere. Südlich davon der aufregende Küstenabschnitt Big Sur, östlich die spektakulären Berge des Yosemite Park, nördlich die gigantischen Redwoods, vor ihr die Bay und mittendrin sie selber auf ihren 43 Hügeln. Kalifornien, so scheint es, produziert sich selbst, stellt seine Natur zur Schau – und seine Menschen.

Mehr Infos zur Region finden Sie im MARCO POLO „Kalifornien".

DEATH VALLEY

[132–133 C–D 2–3] **Das unter den Pionieren einst berüchtigte Tal des Todes liegt an der Ostgrenze Kaliforniens in der Mojavewüste.** Umrahmt von über 3000 m hohen Bergen, senkt sich das rund 200 km lange Tal bei *Badwater* bis 86 m unter den Meeresspiegel. Es ist der niedrigste Punkt der USA. Und der heißeste Fleck der Erde – bis zu 57 Grad hat man hier schon gemessen. Aussichtspunkte wie *Zabriskie Point* und *Dante's View* (Insider Tipp) bieten herrliche Blicke über die einsamen Canyons und ausgetrockneten Salzseen; der *Artists Drive* führt zu farbenprächtigen Felsformationen. Vorsicht: Im Hochsommer kann eine Fahrt durch das Tal zur heißen und daher gefährlichen Tortur werden!

Auskunft: *Death Valley Visitor Center, Furnace Creek | Tel. 760/786-32 00 | www.nps.gov/deva*

Meist herrscht flirrende Hitze im Death Valley, dem „Tal des Todes"

EUREKA

[126 A3] **Die alte Holzfällerstadt (27 000 Ew.) an der Humboldt Bay besitzt den größten Fischereihafen an der Nordküste Kaliforniens, sehenswert sind vor allem die restaurierten viktorianischen Villen von Old Town, z. B. die *Carson Mansion*.** Nördlich und südlich des Orts dehnen sich eindrucksvolle Redwoodwälder entlang der US 101 und an der rund 50 km langen Panoramastraße *Avenue of the Giants*. Gut essen kann man im *Samoa Cookhouse (Samoa Rd. | Tel. 707/442-16 59 | €)*. Die alte Kantine eines Holzfällercamps ist Restaurant und Museum zugleich.

ZIEL IN DER UMGEBUNG

REDWOOD NAT. PARK [126 A3]

Entlang der Küste 25 km nördlich von Eureka schützt dieser gut 400 km² große Park die letzten alten Redwoodbestände. Schön zum Wandern sind die *Lady Bird Johnson Grove* und der wie ein Regenwald von sattem Grün überwucherte *Fern Canyon*. *Visitor Center in Orick*

Insider Tipp

LAKE TAHOE

[126 C4] **Mit 35 km Länge gilt der 1900 m hoch gelegene, von Bergen umrahmte See, der zum Teil in Kalifornien und zum Teil in Nevada liegt, als größter Bergsee Nordamerikas – ein Paradies für Wassersportler, Wanderer und Skifahrer in der Sierra Nevada.** Am Ostufer gibt es schöne Badestrände wie *Zephyr Cove*. Das schmale Südufer ist dicht bebaut und lockt mit Kasinos in Stateline zahlreiche Wochenendgäste an. Am dicht bewaldeten Westufer entzückt vor allem der Blick über die *Emerald Bay*, während in den Bergen am Nordrand gute Skigebiete liegen, z.B. *Squaw Valley*, der Olympiaort von 1960. Infos über Aktivitäten bekommen Sie bei der *Lake Tahoe Visitors Authority (169 Hwy. 50 | Stateline | Tel. 775/588-59 00 | www.visitinglaketahoe.com)*.

Insider Tipp

Schön für Lunch oder Dinner ist die *Sunnyside Lodge* am Nordufer des Sees, die auch 23 Zimmer vermietet *(1850 W Lake Blvd. | Tahoe City | Tel. 530/583-72 00 | www.sunnysideresort.com | €€–€€€)*.

LOS ANGELES

[132 C4–5] **Der Begriff Großstadt wäre für L. A. schlicht untertrieben. L. A. ist ein urbaner Albtraum, ein Stadtmonster im Schnittpunkt zwischen Erster und Dritter Welt – nicht zuletzt deshalb regieren hier auch immense Schaffenskraft und Kreativität.** Rund 13 Mio. Menschen leben heute in der Superstadt, sie fahren auf 10-spurigen Autobahnen, arbeiten in Filmstudios, Ölraffinerien und Computerfirmen. Das Bruttosozialprodukt der Stadt ist größer als das ganz Australiens.

Doch Los Angeles, das 1781 als spanischer Kolonialposten in der weiten Küstenebene am Fuß der San Gabriel Mountains gegründet wurde,

MARCO POLO HIGHLIGHTS

★ **Getty Center**
Postmoderner Prunkbau für die hohe Kunst in Los Angeles (Seite 34)

★ **Venice Beach**
L. A.'s Strandpromenade: Locker, verrückt und typisch kalifornisch (Seite 35)

★ **Monterey Bay Aquarium**
Spektakulärer Blick in die Tiefen des Pazifiks (Seite 37)

★ **Pacific Coast Highway 1**
Die Traumstraße der Welt entlang der Steilklippen (Seite 37)

★ **Telegraph Hill**
San Franciscos schönste Aussicht – meist sogar ohne Nebel (Seite 40)

★ **Yosemite Nat. Park**
Wanderparadies und schönster Park im Westen (Seite 41)

ist viel mehr als das, was diese Zahlen und Wirtschaftsdaten zum Ausdruck bringen. Der Name L. A. ist gleichbedeutend mit dem Lebensgefühl der West Coast, des Landes der Jogger und Surfer, der Hippies und Yuppies. Seit vor 80 Jahren die Film-

Hollywood hautnah auf einer Tour durch die Universal Studios

industrie von der Ostküste hierher zog, wurde Hollywood zur Traumfabrik für Millionen Zuschauer weltweit.

Ausführliche Infos zu dieser Metropole finden Sie im MARCO POLO „Los Angeles“.

SEHENSWERTES

BEVERLY HILLS

Die noble Wohnstadt der Stars in den Hügeln westlich von Hollywood ist nach wie vor eines der besten Viertel. Der *Santa Monica Boulevard* teilt die Stadt: Nördlich liegen die eleganten Villen, südlich das Geschäftsviertel mit dem berühmten, superteuren *Rodeo Drive.*

DOWNTOWN

Rund um den *Pershing Square* wachsen neuerdings verstärkt postmoderne Wolkenkratzer und Avantgardebauten wie das *Museum of Contemporary Art.* Hier stehen auch das *Music Center* mit dem spektakulären Neubau der *Disney Concert Hall* von Frank Gehry und das aus vielen Filmen bekannte *Rathaus* von Los Angeles.

GETTY CENTER ★

Allein der Bau ist die Anfahrt wert: Das 1 Mia. Dollar teure Getty Center wurde 1997 von Richard Meier entworfen und erinnert an ein toskanische Dorf in beherrschender Lage über L. A. Bekannt ist das reichste Kunstmuseum der Welt u. a. für seine Antikensammlung, mittelalterlichen Manuskripte und impressionistischen Gemälde wie Van Goghs „Iris“ sowie Fotografien. *Di–So 10–17.30, Fr/Sa 10–21 Uhr | Eintritt frei, Parkgebühr 10 $ | 1200 Getty Center Dr. | Anfahrt über I-405*

Die berühmte Antikensammlung des Museums ist in der *Getty Villa* am Meer untergebracht. *Do–Mo 10 bis 17 Uhr | 17985 Pacific Coast Hwy. | www.getty.edu*

HOLLYWOOD

Die Studios sind in die Vororte gezogen, die Filmstadt lebt von ihrem Mythos. Zu sehen sind das *Mann's Chinese Theatre* mit den Hand- und Fußabdrücken der Stars im Innenhof, das *Kodak Theatre (tgl. Führungen),* in dem die Oscars vergeben werden, und die in den Gehsteig des *Hollywood Boulevard* eingelassenen Sterne mit den Namen der Hollywoodgrößen. Studiotouren bieten die

Universal Studios mit Stuntshows und Kulissenzauber. *Universal City | Tel. 800/864-83 77 | www.universalstudios.com*

VENICE BEACH ★

Die Strandpromenade südlich von Santa Monica ist – vor allem an den Wochenenden – eine Bühne der Rollschuhartisten, Beachboys und schicken Girls.

ESSEN & TRINKEN

THE FARM

Bistro mit California Cuisine. *439 North Beverly Drive, Beverly Hills | Tel. 310/273-55 78* | €€

MERCEDES GRILL ▶▶

Flippiges Szenelokal am Strand von Venice. *14 Washington Blvd. | Tel. 310/827-62 09* | €

EINKAUFEN

Die großen Malls sind ein Erlebnis ganz eigener Qualität, der *Santa Monica Place (3rd St./Broadway)* zum Beispiel. Zum Bummeln aber sind die von Boutiquen und verrückten Läden gesäumte *Melrose Avenue* in West Hollywood, die *Third Street* in Santa Monica, die *Main Street* in Venice oder *The Grove* neben dem Los Angeles Farmers Market zu empfehlen. Hier wartet ein bunter Mix aus Erlebnisrestaurants, Edelboutiquen und skurrilen Shops auf Sie.

Insider Tipp

ÜBERNACHTEN

SEA SHORE MOTEL ▶▶

Sympathisches Motel mitten im Trubel. *20 Zi. | 2637 Main St., Santa Monica | Tel. 310/392-27 87 | www.seashoremotel.com* | €

Getty Center in Los Angeles: Hier begeistern neben der Kunst auch Architektur und Ausblick

SHUTTERS ON THE BEACH
Luxus im 1920er-Jahre-Stil, am Strand. *198 Zi. | Santa Monica, One Pico Blvd. | Tel. 310/458-00 30 | www.shuttersonthebeach.com* | €€€

AM ABEND

Zentrum des Nachtlebens ist West Hollywood. Szenetreffs sind hier etwa ▶▶ *The Viper Room (8852 Sunset Blvd.)* oder die ultraschicke *Skybar* im *Mondrian Hotel (8440 Sunset Blvd.)*. Liverock hören Sie im *Roxy (9009 Sunset Blvd.)*, guten Blues im *House of Blues (8430 Sunset Blvd.)*.

AUSKUNFT

LA INC. VISITORS BUREAU
685 S Figueroa St., Los Angeles, CA 90017 | Tel. 213/689-88 22 | www.discoverlosangeles.com

> LOW BUDGET

- Ins Fernsehen zu kommen, ist in Hollywood nicht schwer – als Zuschauer. Für die Fernsehshows, die dort aufgezeichnet werden, werden ständig Teilnehmer gesucht. Kostenlose Tickets gibt es vorab unter www.tvtix.com oder www.tvtickets.com.
- Jeder bessere Supermarkt hat eine eigene *Deli Section,* eine Theke mit frischen Sandwiches, Sushi, Salaten und oft auch günstigen heißen Gerichten. Einkaufen und dann ab zum Picknicken mit Blick auf den Pazifik.
- Fragen Sie in San Francisco und L.A. nach dem *CityPass,* in San Diego nach der *Go San Diego Card* und in Sacramento nach der *Sacramento Gold Card,* und sparen Sie bis zu 50 Prozent der Eintrittsgebühren.

ZIELE IN DER UMGEBUNG

DISNEYLAND [132 C5]
1955 eröffnete Walt Disney in Anaheim seinen ersten Vergnügungspark – der Prototyp für solche Parks weltweit. Bis heute hat das 0,3 km² große Reich von Mickey Mouse nichts von seinem Zauber verloren. Nebenan steht inzwischen sogar ein weiterer Themenpark: *Disney's California Adventure. Im Sommer tgl. ab 8 Uhr | Eintritt 69 $ | www.disneyland.com*

PALM SPRINGS [133 D5]
Zwei Stunden Fahrt östlich von L. A. liegt am Rand der Wüste das Ferienparadies der Hollywoodprominenz, die vor allem im Winter zum Golf- und Tennisurlaub hierher kommt. In den Hügeln nördlich der Stadt lädt der *Joshua Tree Nat. Park* zum Wandern ein. Insider Tip

SANTA BARBARA [132 B4]
Die altspanische Missionsstadt (92 000 Ew.) rund zwei Stunden Fahrt nördlich von Los Angeles zählt zu den beliebtesten Ferienorten an Kaliforniens Riviera. Hier erwarten Sie lange Strände und ein in charmantem Kolonialstil erbautes Geschäftsviertel um die *State Street,* während am Pier *Stearns Wharf* mit Skatern und Surfern das Beachlife tobt. Im Umland locken exzellente Weingüter zur Verkostung.

MONTEREY PENINSULA

[126 B6] **Die große, zypressenbestandene Halbinsel südlich von San Francisco ist eines der schönsten und teuersten Fleck-**

chen Kaliforniens. Am *17-Mile-Drive (gebührenpflichtig),* der um die Halbinsel führt, reihen sich Golfplätze und elegante Country Clubs aneinander – immer wieder neue atemberaubende Ausblicke auf die Küste. *Monterey* (32 000 Ew.) war bis 1850 die spanisch-mexikanische Hauptstadt Kaliforniens und birgt ehemalige Künstlerkolonie *Carmel* mit herrlichem Strand und vielen Kunstgalerien.

Eine der vielen herrlichen Buchten entlang des legendären Pacific Coast Highway 1

zahlreiche Adobegebäude aus spanischer Zeit. Hier liegt auch die aus John Steinbecks Roman „Cannery Row" bekannte „Straße der Ölsardinen". Dieses alte Viertel der Konservenfabriken ist heute ein beliebtes Touristenziel mit dem ★ *Monterey Bay Aquarium,* das sehr eindrucksvoll die reiche Unterwasserwelt vor der Küste zeigt *(www.mbayaq.org).* Am Südende der Halbinsel liegt die

ZIEL IN DER UMGEBUNG

PACIFIC COAST HIGHWAY 1 ★ [126 B6–132 B4]

Der schmale und kurvenreiche Highway 1 von Monterey über Big Sur nach Süden bis San Luis Obispo zählt zu den schönsten Küstenstraßen der Welt. Bis heute ist die dramatische Steilküste mit ihren malerischen Buchten und umtosten Klippen kaum erschlossen. Nur in der Nähe des Ortes *Big Sur* wohnen einige – meist betuchte – Aussteiger. Und ganz im Süden bei *San Simeon* baute sich der Zeitungszar William R. Hearst ein monumentales Schloss in die Berge,

Hearst Castle, das heute samt seiner europäischen Kunstschätze als Museum zu besichtigen ist. Noch eine Warnung: Im Sommer herrscht an der Küste oft dichter Nebel!

SACRAMENTO

[126 B5] Die Hauptstadt Kaliforniens (2,2 Mio. Ew.) im Herzen des fruchtbaren Central Valley ist trotz ihrer Größe in ihrem Wesen eine brave, behäbige Farmerstadt geblieben. Dabei war ihre Jugend recht bewegt: Der Schweizer Johann Sutter – später als Romanfigur zum „Kaiser von Kalifornien" stilisiert – gründete hier 1839 die erste Siedlung. Wenig später entdeckte sein Vorarbeiter James Marshall in der Sierra Nevada Gold, und 1854 wurde Sacramento zur Hauptstadt des neuen US-Staats Kalifornien. Von der Zeit des Goldrauschs zeugt noch das hübsch restaurierte *Old Sacramento.* Sehenswert sind außerdem das rekonstruierte *Sutter's Fort* und das *California State Railroad Museum.* Auskunft: *Sacramento Visitors Bureau, Old Town, 1002 Second St. | Tel. 916/442-76 44 | www.discovergold.org*

Delphinshow in Sea World: Die verspielten Säuger sind die absoluten Publikumslieblinge

ZIEL IN DER UMGEBUNG

GOLD COUNTRY [126 C5] Insider Tipp

Wie Perlen auf einer Schnur reihen sich am Highway 49 rund eine Autostunde östlich von Sacramento die Städtchen aus der Goldrauschzeit auf: *Nevada City* und *Coloma,* wo James Marshall das erste Gold entdeckte, *Sutter Creek* mit hübschen viktorianischen Häusern und die Museumsstadt *Columbia*.

SAN DIEGO

[133 D5–6] **An der geschützten San Diego Bay lag einst die Wiege Kaliforniens. Hier gründeten die spanischen Padres ihre erste Mission.** Später wurde die Stadt zum wichtigen Kriegshafen, doch erst in den 1990ern ist San Diego zur zweitgrößten Stadt Kaliforniens (3 Mio. Ew.) und zum Touristenziel aufgestiegen. Es locken das sonnige, auch im Winter angenehm warme Klima, zahlreiche Golfplätze und hübsche Strandvororte wie *La Jolla* oder *Coronado*. Sehenswert sind der *Balboa Park* mit zahlreichen Museen, das *Cabrillo Nat. Monument*, die restaurierte *Old Town* aus spanischer Zeit und das quirlige Restaurant- und Nachtlebenviertel *Gaslamp Quarter* in der Innenstadt. Gleich nebenan lädt hier die ebenfalls sehenswerte, postmodern gestaltete *Horton Plaza* zum Shoppingbummel ein.

SEHENSWERTES

SAN DIEGO ZOO

Einer der besten Tiergärten der Welt: Gorillas, Tiger, Pandas. Vorbildhaft ist die artgerechte Haltung der rund 4000 Tiere. *Tgl. 9–16 Uhr, im Sommer länger | Eintritt 24,50 $ | Balboa Park | www.sandiegozoo.org*

SEA WORLD

Das größte Ozeanarium der Welt mit hervorragender Arktisausstellung, künstlichem Korallenriff und Delphinshows. *Im Sommer 9–23, im Winter 10–17 Uhr | Eintritt 65 $ | Mission Bay | www.seaworld.com*

ESSEN & TRINKEN

ROCK BOTTOM BREWERY ▶▶

Pizza, Fisch und Rippchen in einer Braukneipe; abends herrscht hier im Nightlife-Viertel viel Trubel. *401 G St. | Tel. 619/231-70 00 | €–€€*

ÜBERNACHTEN

HOTEL DEL CORONADO

Fotogenes Strandhotel von 1888. Drehort für „Manche mögen's heiß". *688 Zi. | Coronado, 1500 Orange Ave. | Tel. 619/435-66 11 | www.hoteldel.com | €€€*

DAYS INN HOTEL CIRCLE

Einfach, aber gut gelegen nahe Sea World. *280 große Suitezimmer | 543 Hotel Circle S | Tel. 619/297-88 00 | www.daysinnhc.com | €*

AUSKUNFT

SAN DIEGO VISITORS BUREAU

1040 1/3 W Broadway, San Diego, CA 92101 | Tel. 619/236-12 12 | www.sandiego.org

SAN FRANCISCO

[126 B5] **Die grandiose Lage auf einer hügeligen Halbinsel zwischen Pazifik und San Francisco Bay, die imposante Golden Gate Bridge (1937), die eleganten viktorianischen Häuser, das Flair einer Vielvölkerstadt – hier lässt es sich aushalten.** Die Stadt hat es weit gebracht seit ihren bescheidenen Anfängen 1776 als spanische Missionsstation. 764 000 Menschen (im Großraum 7,2 Mio.) leben heute am Golden Gate. San Francisco beeindruckt vor allem durch die bunten, höchst unterschied-

> WO DIE JUMBOS DAS FLIEGEN LERNEN

Vulkanberge, Urwälder und wilde Küsten: Der pazifische Nordwesten besitzt noch viel unverbrauchte Natur

> Ganz oben links, *way over yonder*, wie die Amerikaner sagen, was soll da noch sein? Der Sprung hinauf nach Oregon und in den Staat Washington ist von Kalifornien aus enorm groß und bringt Sie in eine ganz andere Welt.

Portland ist eine liebenswerte, für amerikanische Verhältnisse fast kleine Metropole mit einer sympathischen Innenstadt. Und das erst 1851 gegründete Seattle liegt einfach einzigartig: in einer tiefen, zerklüfteten Bucht voller Inseln am Fuß des schneebedeckten Mount Rainier. Nur: Regnerisch ist es in Seatle wie auch in Portland im Vergleich zum ewig sonnigen Kalifornien.

Den Weg ins Hinterland öffnet der mächtige Columbia River. Nördlich von ihm liegt der Mount St. Helens, der Vulkan, der am 18. Mai 1980 ohne Vorwarnung ausbrach, sich dabei selber um 415 m kleiner machte und eine heute noch überdeutlich er-

Bild: Regenwald im Olympic Nat. Park

DER NORDWESTEN

kennbare Schneise von bald 450 km^2 schlug. Nebenan gelegene Gipfel wie der Mount Hood und der Mount Adams sind immer noch hoch genug, um fast ganzjähriges Skifahren zu ermöglichen. Das erlaubt den Sportbegeisterten der Gegend, vormittags auf dem Surfbrett über die Weite des Columbia River zu schießen und nachmittags Ski zu laufen – eine wohl einzigartige Kombinationsmöglichkeit.

Die Berge wiederum schützen das Hinterland jenseits der Cascade Mountains vor den Regenwolken des Pazifiks. Daher dehnen sich im Osten Wüsten und dürre Steppen aus, die zum Blühen gebracht werden, sobald sie bewässert werden.

Die Wirtschaftskraft der Region liegt im Westen der Berge: Boeing in Seattle etwa oder Nike in Portland – und der Erfolg des Sportartikelherstellers ist nicht zuletzt den outdoorbegeisterten Menschen des Landes zuzuschreiben.

ASTORIA

[120 A3] Die 1810 vom Pelzhändler John Jacob Astor gegründete Hafenstadt (10000 Ew.) an der Mündung des Columbia River ist die älteste Siedlung der Europäer im Nordwesten. Sehenswert: das restaurierte *Fort Clatsop* aus der Pelzhändlerzeit und das *Columbia River Maritime Museum* mit Ausstellungen über die Seefahrt im Nordpazifik. Einen Stopp verdient auch der beliebte *Sonntagsmarkt* in der Altstadt, auf dem auch viel Kunsthandwerk, Keramik und Holzarbeiten angeboten werden. Empfehlenswert als B & B-Inn ist der gepflegte *Rose River Inn* in einem Haus von 1912 am Hang oberhalb der Altstadt *(5 Zi. | 1510 Franklin Ave. | Tel. 503/325-71 75 | www.roseriverinn.com | €–€€)*.

Auskunft: *Astoria Chamber of Commerce 111 W Marine Dr., Astoria | Tel. 503/325-63 11 | www.oldoregon.com*

Riesige Monolithen wie der Haystack Rock liegen am Strand von Cannon Beach

ZIEL IN DER UMGEBUNG

CANNON BEACH ★ **[120 A3]**

Das 1600-Seelen-Dorf gut 30 km südlich von Astoria besitzt vielleicht die schönste Lage an der Nordwestküste: Vor den langen Stränden ragen mächtige Monolithen auf. Wahrzeichen ist der *Haystack Rock* (80 m). Im Ort selbst locken Kunstgalerien, Cafés und witzige Boutiquen. Die besten Blicke auf die Küste bietet der *Ecola State Park* (Wanderwege). Insider Tipp

DER NORDWESTEN

BEND

[120 C5] Der Erholungsort (78 000 Ew.) am sonnigen Ostrand der Cascade Mountains ist die größte Stadt in Zentraloregon. Ringsum wartet unberührte Natur: im Westen die Seen entlang des 140 km langen *Cascade Lakes Highway,* im Osten die imposanten Lavahöhlen und Krater des *Newberry Nat. Volcanic Monument.* Infos im *Lava Lands Visitor Center (am Hwy. 97).*

SEHENSWERTES

HIGH DESERT MUSEUM

Großzügiger Komplex mit hervorragenden Ausstellungen zur Pionier- und Naturgeschichte des Nordwestens. *Tgl. 9–17 Uhr | Eintritt 15 $ | an der US 97, 10 km südlich | www.highdesertmuseum.org*

ESSEN & TRINKEN

TUMALO FEED COMPANY

Uriges Westernlokal mit den besten Steaks diesseits von Dodge City. *64619 W Highway 20 | Tel. 541/382-22 02 | €€*

ÜBERNACHTEN

THE RIVERHOUSE

Solides großes Motel mit Blick auf den Fluss und gutem Restaurant. *220 Zi. | 3075 N Hwy. 97 | Tel. 541/389-31 11 | www.riverhouse.com | €€*

ROCK SPRINGS GUEST RANCH

Gemütliche Gästeranch vor herrlicher Bergkulisse; Ausritte mit den Cowboys. Nur Wochenaufenthalte. *25 Zi. | 64201 Tyler Road | Tel. 541/382-19 57 | www.rocksprings.com | inkl. Vollpension €€€*

ZIEL IN DER UMGEBUNG

CRATER LAKE NAT. PARK ★ [120 B6]

Rund 160 km südlich von Bend leuchtet hoch in den Cascade Mountains der vor fast 7000 Jahren durch einen gewaltigen Vulkanausbruch entstandene Kratersee wie ein tiefblaues Riesenauge (im Sommer Bootsfahrten). Eine 50 km lange Ringstraße umrundet den steil abfallenden Kraterrand. Wanderwege führen zu den umliegenden Gipfeln (z.B. *The Watchman)* und den im Sommer üppig blühenden Bergwie-

MARCO POLO HIGHLIGHTS

★ **Cannon Beach**
Das netteste Städtchen und der spektakulärste Strand an der Küste von Oregon (Seite 44)

★ **Crater Lake Nat. Park**
Tiefblauer, von dunklen Lavafelsen eingerahmter Kratersee (Seite 45)

★ **Hood River**
Traumziel der Windsurfer vor hohen Bergen (Seite 46)

★ **Hoh Rain Forest**
Wanderung durch einen Wald der Giganten (Seite 47)

★ **Mount St. Helens**
Auswirkungen eines Vulkanausbruchs hautnah (Seite 49)

★ **Future of Flight/Boeing**
Jumbojets am Fließband und Einblick in ihre Technik gibt's in Everett (Seite 53)

sen. Ein Übernachtungstipp: die historische *Crater Lake Lodge* direkt am Kraterrand *(nur Mai–Okt. | Tel. 541/830-87 00 | www.craterlakelodges.com | €€)*.

COLUMBIA RIVER GORGE

[120 B–C 3–4] Östlich von Portland bricht der Columbia River in einer gut 100 km langen Schlucht durch die Cascade Mountains. Zahlreiche Wasserfälle tosen aus den Bergen herab, darunter die 189 m hohen *Multnomah Falls*. Schönste Ausblicke bietet eine Fahrt auf dem *Columbia Gorge Scenic Highway* (US 30) am Südufer. Der Ort ★ ▶▶ *Hood River* ist ein Mekka der Windsurfer – und seit einigen Jahren der Weinliebhaber. Kellereien wie *Hood River Vineyards* und *Cathedral Ridge Winery* produzieren sehr gute Riesling-, Merlot- und Cabernetweine (Verkauf und Verkostung).

SEHENSWERTES

BONNEVILLE LOCK AND DAM

Ausstellungen über die Energiegewinnung und Unterwasserfenster zum Beobachten der Lachse. *An der I-84, Exit 40*

ÜBERNACHTEN

HOOD RIVER HOTEL

Historisches Hotel, charmant renoviert. *41 Zi. | 102 Oak Ave., Hood River | Tel. 541/386-19 00 | www.hoodriverhotel.com | €–€€*

FLORENCE

[120 A5] Attraktion des 7000-Einwohner-Städtchens an Oregons Küste sind die 75 km langen und bis zu 100 m hohen *Oregon Dunes* südlich des Orts. Der Dünenstreifen ist ein Paradies für Strandwanderer und Offroadfans, die in *dune buggies* über den Sand flitzen. Nördlich davon beginnt die dramatische Steilküste Oregons. Den besten Fisch – gegrillt und ge-

Inmitten des Crater Lake ragt ein bewachsener Vulkankegel aus dem tiefblauen Wasser

kocht – erhalten Sie im *International C-Food Restaurant (1498 Bay St. | Tel. 541/997-96 46 | €–€€).*

TOUREN

SANDLAND ADVENTURES

Geführte Touren in die Sanddünen und Vermietung von Buggies. *Am Hwy. 101 südlich von Florence | Tel. 541/997-80 87 | www.sandland.com*

ZIEL IN DER UMGEBUNG

SEA LION CAVES **[120 A5]**

Die einzige Kolonie auf dem Festland, wo sich das ganze Jahr über Seelöwen geschützt in einer riesigen Höhle tummeln. *Tgl. 9–17.30 Uhr | Eintritt 10 $ | 18 km nördlich am Hwy. 101*

GRANTS PASS

[120 B6] Die Stadt (25 000 Ew.) ist ein guter Ausgangspunkt für Bootstouren durch die Schlucht des Rogue River (Abfahrten auch von Gold Beach). Östlich liegen Oregons Kulturmekka *Ashland* (Shakespearefestival) und das restaurierte Goldgräberstädtchen *Jacksonville.* Das *Jacksonville Inn (8 Zi. | 175 E California St. | Jacksonville | Tel. 541/899-19 00 | www.jacksonvilleinn.com | €€)* ist ein prächtig renoviertes viktorianisches Hotel mit hervorragender Küche. Auskunft: *Grant Pass Visitors Bureau | 1995 NW Vine St., Grants Pass, OR 97526 | Tel. 541/476-55 10 | www.visitgrantspass.org/*

ZIEL IN DER UMGEBUNG

OREGON CAVES NAT. MONUMENT **[120 A6]**

Im Marmorgestein des Mount Elijah hat das Grundwasser im Lauf der Zeit große Tropfsteinhöhlen ausgewaschen (Führungen). *Eine Stunde Fahrt südlich von Grants Pass*

OLYMPIC NAT. PARK

[120 A–B2] Alpine Blumenwiesen im Sommer und die wildromantische, oft sturmumtoste Felsküste am Pazifik sind die schönsten Attraktionen des 3735 km² großen Parks auf der Olympic Peninsula Washingtons. Im Tal des *Hoh River* an der Westflanke des 2428 m hohen Mount Olympus gedeiht dank des extrem feuchten Klimas ein einzigartiger, moos- und farnüberwucherter Regenwald, der ★ *Hoh Rain Forest*, mit mächtigen Sitkatannen und gigantischen Lebensbäumen (Lehrpfade). *Hurricane Ridge* im Nordteil des Parks bietet herrliche Bergpanoramen und ein Netz von Wanderwegen.

Eine Unterkunft sollten Sie sich am besten in Port Angeles oder in Forks suchen. Auskunft: *North Olympic Peninsula Visitors Bureau | 338 W 1st St., Port Angeles | Tel. 360/452-85 52 | www.olympicpeninsula.org*

>LOW BUDGET

- Donuts, Amerikas süße Kringel, gibt es überall und meist auch gut. Die besten und günstigsten kommen minütlich frisch aus der Backstraße der *The Daily Dozen Donut Company* im *Pike Place Market* von Seattle. Ein Dutzend kostet nicht mal 2 Euro.
- Portland ist stolz darauf, die „grünste" Stadt der USA zu sein: In der Innenstadt sind Busse und Straßenbahnen kostenlos.
- Für echte Biertrinker der perfekte Tipp: Im *Rogue Bed & Beer* gibt's für 60 Euro kleine Apartments über der Braukneipe der *Rogue Brewery* direkt am Hafen von Newport Beach. In jedem Zimmer steht ein Sixpack bereit. *748 SW Bay St. | Tel. 541/265-31 88 | www.rogue.com/locations-bednbeer.html*
- Zum *First Thursday* ist in Seattle für Kunstfans viel los – und das kostenlos. Museen sind bis 20 Uhr oder länger geöffnet, ein klassisches Quartett spielt, und Galerien um den Pioneer Square öffnen neue Ausstellungen.
- Das beliebteste Traveller-Hostel im Nordwesten ist das ▶▶ *Green Tortoise Hostel* mitten im Zentrum von Seattle. Gute Stimmung, Szenepublikum und sogar eine eigene Musikshow. *105 Pike St. | Tel. 206/340-12 22*

PORTLAND

[120 B3–4] Dank einer vorbildlichen Stadtplanung gilt die Metropole Oregons (2,2 Mio. Ew.) mit ihren vielen Grünflächen als höchst lebenswerte Stadt. Sie liegt vor der imposanten Kulisse des 3426 m hohen Mount Hood an der Mündung des Willamette River in den Columbia River. Ihren Beinamen „Stadt der Rosen" verdankt sie vor allem den herrlichen Gärten im *Washington Park* und dem *Rose Festival,* der großen Blumenparade, die Anfang Juni stattfindet.

SEHENSWERTES

PORTLAND ART MUSEUM

Das älteste Kunstmuseum des Nordwestens, gute Sammlung zu Nordwest- und indianischer Kunst, dazu zeitgenössische Werke in einem fünfstöckigen Neubau. *1219 SW Park Ave. | Di–Sa 10–17, Do/Fr 10–20, So 12–17 Uhr | Eintritt 10 $*

ESSEN & TRINKEN

JAKE'S FAMOUS CRAWFISH

Beliebtes altes Restaurant. Fisch und Krebse sind hier besonders delikat. *401 SW 12th Ave. | Tel. 503/226-14 19 |* €€

WILDWOOD

Ausgezeichnete Regionalküche im Trendviertel Nob Hill. *1221 NW 21st Ave. | Tel. 503/248-96 63 |* €€€

EINKAUFEN

Einen Shoppingbummel verdienen die Innenstadt um den *Pioneer Courthouse Square* und *Old Town* mit dem zum Einkaufszentrum umfunktionierten *New Market Theatre.*

Unbedingt sehenswert ist *Powells City of Books (1005 W Burnside St.)*, angeblich der größte Buchladen der Welt mit mehr als 1 Mio. Bücher. Von März bis Dezember ist am Wochenende unter der Burnside Bridge Insider Tipp *Künstlermarkt*.

ZIELE IN DER UMGEBUNG

MOUNT ST. HELENS ★ [120 B3]

Am 18. Mai 1980 brach der rund 100 km nördlich von Portland in der Cascades-Kette Washingtons gelegene Vulkan in einer gewaltigen Eruption aus. Das meterhoch unter

Straßencafé vor dem ersten postmodernen Bau der USA, dem Portland Building

ÜBERNACHTEN

HOTEL LUCIA

Elegantes kleines Hotel im Zentrum, künstlerisch gestaltet. *128 Zi. | 400 SW Broadway | Tel. 503/225-17 17 | www.hotellucia.com | €€*

AUSKUNFT

PORTLAND OREGON VISITORS ASSOCIATION

701 SW Sixth Ave., Portland OR, 97204 | Tel. 503/275-83 55 | www.travelportland.de

Asche verschüttete Umland, in das erst langsam wieder Leben zurückkehrt, wurde zu einem 445 km^2 großen Schutzgebiet erklärt. *Mehrere große Visitor Centers am Hwy. 504*

NEWPORT [120 A4]

Die alte Hafenstadt (9500 Ew.) an der Küste Oregons gut zwei Stunden Fahrt südwestlich von Portland ist seit über 100 Jahren ein beliebtes Seebad mit zahlreichen Attraktionen für Kinder, guten Hotels und einer

Seattle: Markant erhebt sich aus der Skyline die futuristische Space Needle des Seattle Center

hübschen viktorianischen Altstadt um den Bay Boulevard am Hafen. Insider Tipp Das *Oregon Coast Aquarium* präsentiert hervorragend die Unterwasserwelt im Pazifik *(tgl. 9–18, im Winter 10–17 Uhr | Eintritt 14,25 $ | 2820 SE Ferry Slip Rd.)*.

SEATTLE

[120 B2] ✲ Jung und dynamisch ist Seattle – und herrlich gelegen. Die Stadt erstreckt sich zwischen dem Salzwasser des Puget Sound und dem Süßwassersee Lake Washington über zahlreiche Hügel. 1851 gegründet und nach einem indianischen Häuptling benannt, ist Seattle heute mit rund 3,3 Mio. Einwohnern die größte Metropole an der Nordwestküste. Bekannt wurde die Stadt seit dem Zweiten Weltkrieg vor allem als Sitz der Boeingwerke und in jüngerer Zeit als Heimat von Microsoft. In bester Lage am Lake Washington wohnt deshalb hier auch in einem 100 Mio. Dollar teuren Haus Bill Gates, Gründer des Software-Riesen und einer der reichsten Männer der Welt.

SEHENSWERTES

Die moderne Innenstadt liegt am Ufer der Elliott Bay, die renovierte Altstadt um den *Pioneer Square*. Von dort aus zogen vor mehr als 100 Jahren die Abenteurer zum Goldrausch am Klondike. Ein *Visitor Center (117 S Main St.)* zeigt Ausstellungen und Filme über die Goldgräberzeit. Ebenfalls restauriert wurde das alte Hafenviertel um den *Pier 59* mit Geschäften, Restaurants und einem ausgezeichneten Aquarium. Stufen führen hinauf zum quirligen *Pike Place Market*.

EXPERIENCE MUSIC PROJECT

Insider Tipp In einem bizarren Metallbau wird die Geschichte der amerikanischen Popmusik hörbar gemacht. Große Ausstellungen auch über Rockmusik und über Jimi Hendrix, der aus Seattle stammte. Im selben Bau ist das weltweit einzige *Science Fiction Museum*

untergebracht. *Im Sommer tgl. 10 bis 19 Uhr | Eintritt 15 $ | Seattle Center | 325 Fifth Ave. N | www.empsfm.org*

MUSEUM OF FLIGHT
Rund 150 historische Flugzeuge und ein fliegendes Auto von 1950 in der ehemaligen Fabrikhalle von Boeing. *Tgl. 10–17 Uhr | Eintritt 14 $ | südlich der Stadt an der I-5, Exit 158*

SEATTLE ART MUSEUM
Das neue Kunstmuseum in einem spektakulären Bau. Besonders sehenswert: die Ausstellungen zur indianischen Kunst *(Di–So 10–17 Uhr | Eintritt 13 $ | 100 University St.)*.

Sehr sehenswert ist auch der neue, 30 000 m² große *Olympic Sculpture Park* des Museums, der am Westrand der Innenstadt direkt am Ufer der Elliott Bay liegt *(2901 Western Ave. | Eintritt frei)*.

SEATTLE CENTER
Das Gelände der Weltausstellung von 1962 ist heute ein Kulturzentrum mit Museen und Vergnügungspark. Dort steht auch das Wahrzeichen Seattles, die 184 m hohe *Space Needle* (Panorama-Aussichtsplattform).

> BÜCHER & FILME
Mit spannenden Thrillern den Westen entdecken

- **Schnee der auf Zedern fällt** – Der auch verfilmte Roman des jungen Autors David Guterson erzählt in ruhigen Bildern von einem mysteriösen Mordfall in der nebligen, stürmischen Inselwelt Washingtons.
- **Mitten in Amerika** – Annie Proulx vermittelt mit ihrem Roman über das Kleinstadtleben in Texas und Oklahoma tiefe Einblicke in die Seele der Amerikaner, die in den weiten Prärien leben.
- **Stumme Zeugen** – Krimis aus dem heutigen „wilden Westen" sind die Spezialität von C. J. Box. Sein neuester Thriller ist in den nördlichen Rocky Mountains angesiedelt, wo Polizisten aus Los Angeles gern ihren Ruhesitz wählen.
- **Ocean's Eleven** – Las Vegas ist die glitzernde Kulisse für den kultigen Gaunerfilm in Starbesetzung: George Clooney, Brad Pitt und Julia Roberts
- **Die Spur des Falken** – Echter Genre-Klassiker des *film noir:* Dashiell Hammett schrieb das Buch, John Huston machte 1941 den Film, und Humphrey Bogart spielt darin die legendäre Hauptrolle als cooler Privatdetektiv Sam Spade in San Francisco.

ESSEN & TRINKEN

BRASA ▶▶
Schickes mediterranes Restaurant mit viel Fisch und guten Tapas im Trend- und Nightlifeviertel Belltown. *2107 Third Avenue | Tel. 206/728-42 20 |* €€€

WILD GINGER ▶▶
Chinesisch-indonesisches Szenelokal nahe dem Market. Schickes Publikum, gute Sataybar. Im Untergeschoss gibt es im angesagten Musikclub *Triple Door* oft gute Bands zu hören *(www.tripledoor.com). 1400 Western Ave. | Tel. 206/623-44 50 |* €€

ÜBERNACHTEN

Insider Tipp

HOTEL MAX ▶▶
Witziges, schickes Art Hotel, gestaltet von 39 Künstlern der Stadt. *163 Zi. | 620 Stewart St. | Tel. 206/728-62 99 | www.hotelmaxseattle.com |* €€

MONACO ▶▶
Elegantes Designerhotel im Herzen der Innenstadt. Ausgezeichnetes Restaurant. *189 Zi. | 1101 Fourth Ave. | Tel. 206/621-17 70 | www.monaco-seattle.com |* €€€

SIXTH AVENUE INN
Einfaches, sauberes Hotel, gut gelegen im Herzen der Innenstadt. *167 Zi. | 2000 6th Ave. | Tel. 206/441-83 00 | www.sixthavenueinn.com |* €–€€

AM ABEND

Grunge ist längst vorbei, aber die junge Musikszene Seattles experimentiert weiter. Beliebt sind in der jungen Szene vor allem die Livemusikbars um den ▶▶ Pioneer Square wie das ▶▶ *Doc Maynard's (610 First Ave. S)*. Von Rock bis Industrial ist hier alles zu hören. Eine Reihe von Clubs haben auch gemeinsame

> BLOGS & PODCASTS

Gute Tagebücher und Files im Internet

> *www.forum.usa-talk.de* – Forum und Chatraum in Deutsch mit vielen Themen und Fotos über die USA

> *www.rmi-realamerica.com/deutsch/* – Webseite der Rocky-Mountain-Region zwischen South Dakota und Idaho mit Routenvorschlägen, Fotos und Tipps zu Unternehmungen – teils Deutsch, teils Englisch

> *www.latimes.com* – Englische Webseite der größten Zeitung des Westens mit zahlreichen Blogs, Videos und Neuigkeiten aus der Region – sogar mit Tipps zu Las Vegas und günstigen Reisen

> *www.beachcalifornia.com* – Viele Infos über die Strandstädte und die gut 450 einzelnen Strände entlang der Küste Kaliforniens. Videos, Blogs in Englisch und gute Tipps für Veranstaltungen

> *www.lasvegaslogue.com* – Englische Artikel und Infos zu Las Vegas für junge Traveller inklusive Forum und Warnungen für Verhaltensweisen in Clubs und Casinos

Für den Inhalt der Blogs & Podcasts übernimmt die MARCO POLO Redaktion keine Verantwortung.

Handstempel, sodass man nur einmal die *cover charge* bezahlen muss. In ▶▶ Belltown warten große Bars und Tanzclubs mit trendigen DJs wie etwa im ▶▶ *Belltown Billiards (90 Blanchard St.).*

MOUNT RAINIER NAT. PARK **[120 B3]**
4392 m ragt der eisbedeckte Vulkangipfel, so etwas wie Seattles Hausberg, südöstlich der Stadt auf. Straßen führen über die Baumgrenze hinauf zu den Aussichtspunkten *Paradise* und *Sunrise* (Wanderwege zu Gletschern und Bergseen).

Während des Sommers sind bei den San Juan Islands häufig Orca-Wale zu sichten

AUSKUNFT

SEATTLE VISITOR CENTER
701 Pike St. Seattle, WA 98101 | Tel. 206/461-58 40 | www.visitseattle.org

ZIELE IN DER UMGEBUNG

FUTURE OF FLIGHT/BOEING ★ **[120 B2]**
Bei Everett eine halbe Fahrstunde nördlich von Seattle werden in der größten Montagehalle der Welt die Jumbojets gebaut. Ausstellungen und Führungen durch die Produktionshalle von Boeing. *Tgl. 8.30–17.30 Uhr, letzte Führung 15 Uhr | Eintritt 15 $ | 8415 Paine Field Blvd., Mukilteo | Tel. 888/467-47 77 | www.futureofflight.org*

SAN JUAN ISLANDS **[120 B1]**
Die pittoreske Inselgruppe rund 130 km nördlich von Seattle liegt direkt an der Grenze zu Kanada. Von Anacortez aus verkehren Auto- und Passagierfähren zu den einzelnen Inseln. Besonders interessant: *Friday Harbour,* denn von dort aus sind auf Bootstouren den ganzen Sommer über Orca-Wale im Labyrinth der Buchten und Meerengen zu beobachten. Buchung z. B. über: *San Juan Excursions (Tel. 800/809-42 53 | www.watchwhales.com).*

> WÜSTE, HITZE, SALZSEE, SCHLUCHTEN

Was sich so wenig einladend anhört, bietet in Wirklichkeit grandiose Naturschauspiele

> Auf den ersten Blick mag die Reise durch die vier Südweststaaten New Mexico, Arizona, Utah und Nevada eintönig erscheinen, auf den zweiten erkennt man jedoch ein ganzes Meer von Farben und Formationen.

Kein Naturschauspiel könnte beeindruckender sein als das des Grand Canyon. Und kein Menschenspektakel berauschender als das von Las Vegas, wenn völlig unvermittelt aus der Wüste eine Glitzerwelt mit glamourösen Phantasiebauten und sprudelnden Wasserbecken aufragt.

In Utah leben die fleißigen Mormonen. Sie bewirtschaften fruchtbares Land hart am Rand des unfruchtbarsten aller Seen, des großen Salzsees. Darüber ragen die Berge auf: Salt Lake City mit seiner Umgebung gehört vom Charakter her schon zu den Rocky Mountains.

In New Mexico stößt man auf vielleicht noch stärkere Kontraste.

Bild: Bryce Canyon Nat. Park

DER SÜDWESTEN

Üppige, von unterirdischen Quellen gespeiste Täler und dazwischen die Straße nach Alamogordo, wo der moderne Tod erprobt wurde: An der Trinity Site explodierte 1945 die erste Atombombe.

Einst war auch all dies Indianerland, später stand es unter mexikanischem Einfluss. Das Farbenspiel der Wüsten wird unterbrochen von Pueblos oder von den Bretterbuden aufgelassener Silberminen. Das ist die Mischung, die den Wilden Westen ausmachte. Weitere Infos zur Region finden Sie im MARCO POLO „USA Südwest".

ALAMOGORDO

[135 E3] **Die Stadt (36 000 Ew.) wurde am 16. Juli 1945 weltweit bekannt – als Geburtsstätte des Atomzeitalters.** In der nordwestlich gelegenen *White Sands Missile Range* zündete man damals die erste Atombombe. Bis heute lebt die am Fuß der über 3000 m aufragenden Sacramento Mountains im heißen Süden von New Mexico gelegene Stadt von der Raketen- und Weltraumindustrie und hat sogar eine Landepiste für die Space Shuttles. Im *Museum of Space History* wird die Geschichte der Raketenforschung illustriert.

ALBUQUERQUE

[135 D2] **Die größte Stadt (840 000 Ew.) von New Mexico zieht sich mit weit ausufernden Vorstädten in einem Hochtal am Fuß der *Sandia Mountains* hin.** Sehenswert ist außer den beiden Museen die *Old Town*, die Keimzelle der Stadt am Ufer des Rio Grande. Um die malerische Plaza findet man neben der 1793 erbauten Kirche *San Filipe de Neri* in den alten Adobebauten gute Restaurants und zahlreiche Galerien mit schönem Indianerschmuck.

Wie frisch beschneit erscheinen die strahlend weißen Wanderdünen von White Sands

ZIEL IN DER UMGEBUNG

WHITE SANDS NAT. MONUMENT [135 E3]
20 km westlich von Alamogordo dehnt sich auf rund 600 km^2 eine bizarre Wüstenregion aus: weiße Wanderdünen aus feinem Gipssand, manche über 20 m hoch. Vom *Visitor Center* aus führt eine Straße auf 13 km Länge in die wie Schneewehen anmutenden Sandberge.

SEHENSWERTES

INDIAN PUEBLO CULTURAL CENTER
Ausstellungen zur Geschichte der Pueblostämme, dazu großer Kunst-

markt. Am Wochenende finden Vorführungen traditioneller Tänze statt. *2401 12th St. NW | tgl. 9–17.30 Uhr | Eintritt 6 $*

NEW MEXICO MUSEUM OF NATURAL HISTORY

Eine Ausstellung zur Frühgeschichte des Southwest, darunter auch lebensgroße Dinosaurier und ein begehbarer Vulkan. *1801 Mountain Rd. NW | tgl. 9–17 Uhr, Sept. und Jan. Mo geschl. | Eintritt 7 $*

ESSEN & TRINKEN

CHURCH STREET CAFÉ

Gute Burritos und Tamales in der Altstadt; Terrasse. *2111 Church St. NW | Tel. 505/247-85 22 | €*

MONTE VISTA FIRE STATION

Elegantes Lokal in einer alten Feuerwehrstation. Bar mit Blick im Obergeschoss. *3201 Central Ave. NE | Tel. 505/255-24 24 | €€*

AUSKUNFT

ALBUQUERQUE VISITORS BUREAU

20 First Plaza NW, Albuquerque, NM 87102 | Tel. 505/842-99 18 | www.itsatrip.org; ein Infokiosk befindet sich in Old Town

ZIEL IN DER UMGEBUNG

PUEBLOS [135 D–E1]

Rund 60 km nördlich von Albuquerque liegen entlang des Rio Grande alte indianische Pueblos wie *San Felipe* und *Santo Domingo,* deren Bewohner vor allem für ihre kunstvollen Töpferarbeiten bekannt sind. Erkundigen Sie sich vorab bei den *Visitor Bureaus* in Albuquerque oder Santa Fe, wann in den Pueblos die nächsten Festtage mit farbenprächtigen Tänzen sind. Insider Tipp

BRYCE CANYON NAT. PARK

[128 B5–6] ★ **Eine märchenhafte Welt aus roten und weißen Felssäulen, Steilhängen und steinernen Schlössern erwartet Sie.** Vom *Visitor Center* (Wanderkarten) führt eine 30 km lange Panoramastraße den Rand des Canyons entlang. Die schönsten Aussichtspunkte: *Bryce Point, Sunrise* und *Sunset Point.* Gute Wanderwege.

MARCO POLO HIGHLIGHTS

★ **Bryce Canyon Nat. Park**
Steinerne Wunderwelt mit filigranen Säulen (Seite 57)

★ **Grand Canyon Nat. Park**
Das berühmteste Weltwunder Amerikas (Seite 59)

★ **Bellagio Resort**
Echte Picassos und falsche Fassaden (Seite 61)

★ **Dead Horse Point State Park**
Geologie aus der Vogelperspektive (Seite 62)

★ **Canyon Road**
Santa Fe: Kunstgenuss in alten Adobehäusern (Seite 64)

★ **Arizona-Sonora Desert Museum**
Wüstenmuseum der Spitzenklasse (Seite 66)

ÜBERNACHTEN

BEST WESTERN RUBY'S INN

Großes Motel mit Campingplatz und Restaurant. *368 Zi. | 1000 South Hwy. 63 | Bryce Canyon | Tel. 435/834-53 41 | www.rubysinn.com* | €€

Die Carlsbad Caverns gehören zu den imposantesten Höhlensystemen der Erde

CARLSBAD CAVERNS NAT. PARK

[135 F4] **Tief im Kalkgestein der Guadalupe Mountains im Südosten New Mexicos liegen die schönsten, seit 3 Mio. Jahren gewachsenen Tropfsteinhöhlen der Welt.** Eine spektakuläre Attraktion sind Insider Tipp Hunderttausende Fledermäuse, die in einem Seitenraum der Höhle nisten und an Sommerabenden wie eine riesige schwarze Wolke aus dem Höhleneingang quellen.

DURANGO

[129 D6] **Die schön gelegene Bergwerksstadt (15 000 Ew.) aus der Zeit des Silberbooms um 1880 ist heute ein beliebter Sommererholungsort mit viktorianischen Hausfassaden und gemütlichen Saloons.** Besuchermagnet ist die historische Dampfeisenbahn der *Durango & Silverton Narrow Gauge Railroad.* Im Sommer ganztägige Fahrten für 62 $ *(479 Main Ave. | Tel. 970/247-27 33 | www.durangotrain.com).*

ZIEL IN DER UMGEBUNG

MESA VERDE NAT. PARK [129 D6]

Rund 50 km westlich von Durango finden sich die eindrucksvollsten Zeugnisse früher indianischer Kulturen. Seit dem 6. Jh. lebten hier die Anasazi, die um 1200 große Klippenbauten errichteten. Entlang der vom Besucherzentrum *(Museum)* ausgehenden Straßen sind über 30 Ruinen zu sehen, darunter der 217 Räume umfassende *Cliff Palace.*

FLAGSTAFF

[134 B2] **Die größte Stadt Nordarizonas (127 000 Ew.) ist ein guter Ausgangspunkt für Ausflüge zu den Natursehenswürdigkeiten in der Umgebung.** Im Norden und Osten sind der *Grand Canyon* und die indianischen Ruinen des *Walnut Canyon*, Insider Tipp wo man schön in der kühlen Schlucht wandern kann, die Attraktionen. Im Süden liegt der malerische *Oak Creek Canyon* und im Osten der

Petrified Forest Nat. Park. Außerdem bietet Flagstaff mit dem *Museum of Nor-thern Arizona (tgl. 9–17 Uhr | Eintritt 7 $ | 5 km nördlich an der US 180)* eine gute Ausstellung zu Naturgeschichte und indianischen Kulturen der Region.

GRAND CANYON NAT. PARK

KARTE IN DER HINTEREN UMSCHLAGKLAPPE

[133 E–F3] ★ **Bis zu 1700 m tief stürzen die roten und ockerfarbenen Steilwände hinab zum Colorado River, der den Canyon innerhalb der letzten 2–5 Mio. Jahre schuf.** Fast 450 km lang ist die weltweit größte Schlucht und bis zu 30 km breit. Das Alter der freigelegten Gesteinsschichten reicht bis zu 2 Mia. Jahre zurück. Ein atemberaubender Blick in die Erdgeschichte, den jedes Jahr fast 5 Mio. Besucher genießen.

Der 2100 m über dem Meeresspiegel liegende *South Rim* ist das ganze Jahr über geöffnet. Dort befinden sich die spektakulärsten Aussichtspunkte, gute Spazierwege und das *Grand Canyon Village* mit Hotels, Läden und Museen (kostenloser Transport mit Shuttlebussen bis *Hermit's Rest)*. Ruhiger und weniger überlaufen ist der *North Rim (im Winter geschl.)*.

Im Westteil des Südrandes gibt es neuerdings einen weiteren Zugang: *Grand Canyon West,* wo der *Skywalk,* eine gläserne Rampe, 15 m weit über den Steilabhang hinaus führt. Ein Spektakel, allerdings mit 30 $ Eintritt etwas teuer und dazu etwa 5 Stunden Fahrt vom South Rim Village, bzw. gut 2 Stunden Fahrt von Las Vegas entfernt.

ÜBERNACHTEN

GRAND CANYON NAT. PARK LODGES

Reservierung für Unterkünfte am Südrand des Canyon von schlichten Blockhütten der *Bright Angel Lodge* (€) bis zum edlen *El Tovar Hotel* (€€€). Früh buchen! *Xanterra Parks & Resorts | 6312 South Fiddlers Green Circle, Suite 600 | Greenwood Village, CO 80111 | www.grandcanyonlodges.com*

FREIZEIT & SPORT

BOOTSTOUREN

Ein- und mehrtägige Schlauchbootfahrten auf dem Colorado werden

> LOW BUDGET

- Outlet-Malls sind günstig, noch günstiger aber sind die Läden der Kette *Ross - Dress for Less.* Meist liegen die schmucklosen Läden in Shoppingmalls an den Stadträndern oder auch bei Outlet-Centern wie den *Arizona Mills* in Tempe bei Phoenix.
- In der historischen *Bryce Canyon Lodge* können Sie eine urige Blockhütte oder ein Doppelzimmer fast am Canyonrand für 70–100 Euro bekommen – für die Lage ein super Preis. Früh buchen! *www.brycecanyonlodge.com*
- Holen Sie sich vor der Fahrt in die Wüste in einem Supermarkt für ein paar Dollar eine kleine Kühlbox. Das Eis dazu gibt es für 2 $ im Supermarkt oder an der Tankstelle – und schon sind Ihre Getränke für unterwegs immer gut gekühlt.

von verschiedenen Veranstaltern angeboten, z. B. von *Rivers & Oceans (www.rivers-oceans.com)*.

CANYONWANDERUNGEN

Für eine Tour auf dem *South Kaibab* (11 km einfach) oder dem *Bright Angel Trail* (15 km) hinab zum Ufer des Colorado River sollten Sie fit sein und sich einen kühlen Tag aussuchen, denn unten im Canyon herrschen bis zu 50 Grad! Wasser nicht vergessen!

AUSKUNFT

NATIONAL PARK SERVICE

Informationen, Karten und Reservierung mehrtägiger Wanderungen. *P. O. Box 129, Grand Canyon, AZ 86023* | *Tel. 928/638-78 88* | *www.nps.gov/grca*

ZIEL IN DER UMGEBUNG

LAKE POWELL [128 B6]

Stromaufwärts vom Grand Canyon (ca. 200 km nordöstlich) staut der 216 m hohe *Glen Canyon Dam* bei *Page* den Colorado River zu einem gewaltigen Stausee, dem zweitgrößten der USA. Das Labyrinth von Buchten und roten Canyons am See ist ein Paradies für Wassersportler. Angeboten werden geführte Touren sowie Motorboot- und Hausbootvermietung.

LAS VEGAS

[133 E3] **Wie eine bizarre Oase ragt die Spielerstadt (1,8 Mio. Ew.) aus der Wüste Nevadas.** Seit in der Mormonensiedlung 1931 das Glücksspiel legalisiert wurde, lebt Las Vegas von den Kasinos in der jüngst renovierten Downtown um die *Fremont Street* und dem berühmten *Las Vegas Strip.* Es locken immer neue Superkasinos, fabelhafte Shows, glitzerndes Neonlicht und preisgünstiges Essen. Wer will, kann in Las Vegas auch in kürzester Zeit heiraten – oder sich scheiden lassen.

Um in Las Vegas aufzufallen, sind schrilles Outfit und coole Schlitten unabdingbar

SEHENSWERTES

LAS VEGAS STRIP

Hier reihen sich die Kasinohotels aneinander. Die schönsten sind das venezianisch gestylte *Venetian,* das *Paris* samt Eiffelturm, das ganz modern gestaltete *Planet Hollywood Casino,* das elegante *Mandalay Bay,* das noble *Caesars Palace*, das *New York-New York,* das ägyptisch inspirierte *Luxor* und das neue, superluxuriöse *Wynn-Casino*.

ESSEN & TRINKEN

Opulente und preiswerte Büfetts finden Sie in fast allen Kasinos. Ein Insider Tipp: das Büfett im *Mandalay Bay,* das auch zahlreiche weitere gute Restaurants besitzt. Die Coffeeshops der Hotelkasinos servieren rund um die Uhr.

ÜBERNACHTEN

Sonntag bis Donnerstag gibt es oft günstige Sondertarife.

BELLAGIO RESORT ★

Mit echten Picassos und viel Kunst verschönertes Kasinohotel, mit Mini-Comer-See und eindrucksvollen Wasserspielen aus mehr als 1000 Düsen. *3933 Zi. | 3600 Las Vegas Blvd. S | Tel. 702/693-71 11 | www.bellagio.com* | €€€

CAESARS PALACE

Leben wie im alten Rom. *2419 Zi. | 3570 Las Vegas Blvd. S | Tel. 702/731-71 10 | www.caesars.com* | €€€

LUXOR LAS VEGAS

Wohnen in einer Pyramide. *4407 Zi. | 3900 Las Vegas Blvd. S | Tel. 702/262-44 44 | www.luxor.com* | €€

AM ABEND

Revuen und Konzerte berühmter Künstler sind in Las Vegas so gut zu erleben wie nirgendwo sonst. Es gibt meist eine (etwas teurere) Dinnervorstellung gegen 20 Uhr und eine Cocktailshow um 23 Uhr. Im *Bellagio* zeigt der Cirque du Soleil die Wassershow „O", Cher und Elton John singen im *Caesars Palace,* im *Bally's* und im *Tropicana* laufen farbenprächtige Pariser Revuen.

AUSKUNFT

LAS VEGAS VISITORS BUREAU

3150 S Paradise Rd., Las Vegas, NV 89109 | Tel. 702/892-75 75 | www.visitlasvegas.com

ZIEL IN DER UMGEBUNG

HOOVER DAM [133 E3]

Im Black Canyon rund 40 km südöstlich von Las Vegas versperrt der gewaltige Betonwall des Damms den Lauf des Colorado River und staut ihn zum *Lake Mead*. Die 221,4 m hohe Mauer wurde 1931–35 erbaut. Das Kraftwerk versorgt Las Vegas und sogar einen Teil Südkaliforniens mit Strom *(Visitor Center und Führungen | Eintritt 11 $).*

MOAB

[128 C5] **In den letzten Jahren hat sich das 5000-Seelen-Städtchen am Oberlauf des Colorado River zu einem Mekka der Sportler und Naturfans entwickelt.** Jedes Jahr kommen mehr, um auf Wandertouren oder Schlauchbootfahrten, bei Mountainbike-Exkursionen oder Jeep-Safaris die herrliche Canyonwelt zu genießen. Wenige Kilometer westlich von Moab beginnt die nahezu unerschlossene Wildnis des *Canyonlands Nat. Park,* dessen Schluchten dem Grand Canyon kaum nachstehen. Ein besonderes Erlebnis sind Geländewagentouren durch den Park. Den schönsten Blick haben Sie im ★ *Dead Horse Point State Park.* Gut 700 m über dem Zusammenfluss von Colorado und Green River eröffnet sich ein weites Panorama (Picknick-, Campingplatz).

Insider Tipp

TOUREN

ADRIFT ADVENTURES

Rafting- und Mountainbiketouren um Moab. Jeepfahrten. *378 N Main St. | Tel. 435/259-85 94 | www.adrift.net*

AUSKUNFT

MOAB INFORMATION CENTER

Center/Main Sts., Box 550, Moab, UT 84532 | Tel. 435/259-88 25 | www.discovermoab.com

ZIEL IN DER UMGEBUNG

ARCHES NAT. PARK [128 C4–5]

Nur 10 km nördlich von Moab beginnt dieses Hochplateau über dem Colorado River, auf dem der Wüstenwind Felsbögen in den flammend roten Sandstein geschliffen hat. Vom *Visitor Center* führt eine Stichstraße zu den Bögen der *Windows Section* und weiter bis zum *Devils Garden.* Ein unbedingtes Muss ist eine Wanderung zum *Delicate Arch* (möglichst am Spätnachmittag).

MONUMENT VALLEY

[128 C6] **Zahllose Western und Werbespots machten die mächtigen Monolithen und Tafelberge des Wüstentals zwischen Utah und Arizona weltberühmt.** Das Tal liegt im Navajo-Reservat, und weit verstreut leben einige indianische Familien dort noch heute in traditionellen Hogans. Die bekanntesten Formationen sind die beiden *Mittens,* wie aufrecht stehende Fäustlinge geformte Sandsteinfelsen. Sie sind vom *Visitor Center* des *Navajo Tribal Park* am besten zu sehen. Dort beginnen auch Jeepführungen und von Indianern begleitete Ausritte. Die einzige Unterkunft ist *Goulding's Lodge,* ein Motel mit herrlichem Blick – rechtzeitig reservieren! *(64 Zi. | P. O. Box 1 | Tel. 435/727-32 31 | www.gouldings.com | €€).*

PHOENIX

[134 A3] **Bei durchschnittlichen Tagestemperaturen von mehr als 40 Grad im Sommer ist es kein Wunder, dass sich die Hauptstadt Arizonas erst mit der Erfindung der Klimaanlage zur Stadt entwickeln konnte.** Mittlerweile ist sie eine lebendige Metropole mit spiegelnden Hochhäusern und rund 4,2 Mio. Einwohnern. Endlose Vorstädte prägen das Bild von Phoenix im weiten Tal des Salt River. Aus touristischer Sicht interessant ist vor allem der elegante Villenvorort *Scottsdale,* in dem Winterurlauber, die sich nach Sonne und Wärme sehnen, Hotels und zahllose Golfplätze finden.

SEHENSWERTES

HEARD MUSEUM

Umfassende Sammlungen indianischer Kunst des Südwestens. *Tgl. 9.30–17 Uhr | Eintritt 10 $ | 2301 N Central Ave. | www.heard.org*

ESSEN & TRINKEN

Z TEJAS ▶▶
Trendiger Mexikaner im schicken Umfeld des Fashion Square. *7014 E. Camelback | Tel. 480/946-41 71 | €€*

ÜBERNACHTEN

FAIRMONT SCOTTSDALE PRINCESS
Luxuriöse Wüstenoase mit Sportanlagen und exzellenten Restaurants. *600 Zi. | 7575 E Princess Dr., Scottsdale | Tel. 480/585-48 48 | www.fairmont.com | €€€*

BEST WESTERN PAPAGO INN
Freundliches Kettenmotel. *56 Zi. | 7017 E McDowell Road, Scottsdale | Tel. 480/947-73 35 | www.bestwestern.com | €*

AUSKUNFT

PHOENIX VISITORS BUREAU
125 N Second St., Phoenix, AZ 85004 | Tel. 877/225-57 49 | www.visitphoenix.com

SANTA FE

[135 E1] **Das von den Spaniern 1609 gegründete Santa Fe gilt als älteste Hauptstadt der USA.** Zunächst war es das Zentrum der spanischen Kolonialmacht, dann wurde es zum Handelsknoten am Ende des Santa Fe Trail. In den letzten Jahrzehnten entwickelte sich die Stadt (60 000 Ew.) zum Mekka der Aussteiger, New-Age-Propheten und Künstler. Mit über 200 Galerien gilt sie nach New

Gigantische Sandsteinbögen haben dem Arches National Park seinen Namen gegeben

York als bedeutendstes Kunstzentrum der USA. Mittelpunkt der im indianisch-mexikanischen Adobestil erbauten Altstadt ist die *Plaza* mit dem Gouverneurspalast von 1610.

SEHENSWERTES

MUSEUM OF NEW MEXICO

In vier großen Staatsmuseen hortet New Mexico die Schätze seiner Kulturen: Der *Palace of the Governors* an der Plaza ist der Geschichte gewidmet, nebenan zeigt das *Museum of Fine Arts* die moderne Kunst des Südwestens. Am Camino Lejo südlich der Stadt liegen das *Museum of Indian Arts and Culture* und das *Museum of International Folk Art. Alle Museen Di–So 10–17 Uhr | Eintritt je 8 $, 4-Tage-Pass für alle 18 $*

ESSEN & TRINKEN

Insider Tipp COWGIRL HALL OF FAME

Rippchen, Steaks und Livemusik in gemütlichem Innenhof. *319 S Guadalupe St. | Tel. 505/982-25 65 |* €

SANTACAFÉ ▶▶

Trendlokal mit perfekter neumexikanischer Küche. *231 Washington Ave. | Tel. 505/984-17 88 |* €€€

EINKAUFEN

Rings um die *Plaza* liegen Kunsthandwerks- und Souvenirläden, die auch guten Indianerschmuck führen. Von den Indianern selbst können Sie unter den Arkaden des *Palace of the Governors* kaufen. Die besten Galerien finden Sie entlang der ★ *Canyon Road.* Vor allem Malerei und Kunst mit Southwestmotiven sind hier zu finden, aber auch moderne Skulpturen, Glasarbeiten und Keramik.

ÜBERNACHTEN

EL REY INN

Einfaches Motel im Adobestil, Zimmer mit offenem Kamin. *86 Zi. | 1862 Cerrillos Rd. | Tel. 505/982-19 31 | www.elreyinnsantafe.com |* €

ST. FRANCIS

Schön restauriertes Hotel im Stadtzentrum. *83 Zi. | 210 Don Gaspar | Tel. 505/983-57 00 | www.hotelstfrancis.com |* €€–€€€

AUSKUNFT

SANTA FE VISITORS BUREAU

201 W Marcy St., Santa Fe, NM 87501 | Tel. 800/777-24 89 | www.santafe.org

ZIEL IN DER UMGEBUNG

BANDELIER NAT. MONUMENT [135 D1]

Im *Frijoles Canyon* 80 km nordwestlich von Santa Fe bauten prähistorische Indianer große Höhlenwohnungen in den Fels. Ein 2 km langer Weg führt vom *Visitor Center* zu den wichtigsten Höhlen. Bei der Rückfahrt kann man in *Los Alamos* Station machen, dem bedeutendsten Zentrum der amerikanischen Atomforschung. Dokumentiert wird die Entwicklung im *Bradbury Science Museum.*

TAOS

[135 E1] **Indianisches Pueblo, spanischer Kolonialposten, Künstlerkolonie mit so berühmten Mitgliedern wie Georgia O'Keeffe – das 5000-Seelen-Städtchen am Fuß der Sangre de Cristo Mountains hat alles erlebt.** Und es hat sich durch eine reizvolle Verbindung der Kulturen zu einem der beliebtesten

Erholungsorte in New Mexico entwickelt. Um die historische *Plaza* im Zentrum reihen sich alte Adobebauten, und in den Seitenstraßen sind Werkstätten und Kunsthandwerksläden zu besuchen. Sehenswert sind auch das *Kit Carson Home* und die 1710 begonnene Kirche *San Francisco de Asis*.

SEHENSWERTES

Insider Tipp

MILLICENT ROGERS MUSEUM

Eine großartige Sammlung indianischer Kunst und Töpferei, die sich am Nordrand der Stadt befindet. *Tgl. 10–17 Uhr | Eintritt 8 $ | 1504 Millicent Rogers Rd. | www.millicentrogers.org*

TAOS PUEBLO

Rund 800 Jahre alte fünfstöckige Wohnstadt der Taosindianer. Tanzrituale an Festtagen. *Tgl. 8–17.30, So ab 8.30 Uhr | Eintritt 10 $, Fotogebühr 5 $ | am Nordrand von Taos*

ESSEN & TRINKEN

DOWNTOWN BISTRO

Ausgezeichnete Southwest Cuisine umrahmt von moderner Kunst. *223 Paseo del Pueblo Sur | Tel. 505/737-50 60* | €–€€

ÜBERNACHTEN

Insider Tipp

LA DONA LUZ INN

Urgemütlicher kleiner Country Inn in der Altstadt, skurril angelegt, aber sehr nett. *15 Zi. | 114 Kit Carson Rd. | Tel. 505/758-48 74 | www.ladonaluz.com* | €

HISTORIC TAOS INN

Das erste Haus am Platz mit ausgezeichnetem Restaurant und schöner

Zu Besuch in einer der vielen interessanten Kunstgalerien von Santa Fe

Bar. *36 Zi. | 125 Paseo del Pueblo N | Tel. 505/758-22 33 | www.taosinn.com | €€*

AUSKUNFT

TAOS CHAMBER OF COMMERCE

1139 Paseo del Pueblo Sur, Taos, NM 87571 | Tel. 505/758-38 73 | www.taos.org

TUCSON

[134 B4] **Der Missionar Eusebio Kino gründete um 1700 die erste spanische Missionsstation im Land der Pima- und Tohono-O'odham-Indianer.** Er hätte sich damals wohl nicht träumen lassen, dass einmal gut 970 000 Menschen in dem weiten Wüstental im Süden Arizonas leben würden. Eine Universität, die boomende Elektronikindustrie und das gesunde, trockene Klima haben Tucson seit dem Zweiten Weltkrieg zu ungeahntem Wachstum verholfen. Große Hotels, der hübsch restaurierte Altstadtbezirk *El Presidio* und die faszinierenden *Kakteenwälder* rings um die Stadt locken vor allem im Winter viele Urlauber an.

SEHENSWERTES

ARIZONA-SONORA DESERT MUSEUM ★

Die Wüste lebt: Nirgendwo ist das besser zu sehen als in diesem Freilichtmuseum, das Flora und Fauna der amerikanischen Wüsten zeigt. *Tgl. 7.30–17, im Winter 8.30–17 Uhr | Eintritt 13 $, im Sommer 9,50 $ | Tucson Mountain Park | www.desertmuseum.org*

MISSION SAN XAVIER DEL BAC

Die schönste Missionskirche im Südwesten, gebaut 1797. *Tgl. 8–17 Uhr | Eintritt frei | 15 km südlich an der San Xavier Rd.*

OLD TUCSON STUDIOS

Die berühmte Filmstadt brannte 1995 zum Teil ab, doch in den wieder aufgebauten Kulissen finden nun erneut abenteuerliche Stuntshows statt. *Tgl.*

Glänzt in reichem barocken Kolonialstil: die Missionskirche von San Xavier del Bac

10–16 Uhr | Eintritt 17 $ | Tucson Mountain Park | www.oldtucson.com

PIMA AIR AND SPACE MUSEUM

Rund 275 alte Flugzeuge dösen hier in der trockenen und deshalb konservierend wirkenden Wüstenluft. Ringsum ein Flugzeugfriedhof mit Tausenden von alten Bombern. *Tgl. 9–17 Uhr | Eintritt 13,50 $, im Sommer 11,75 $ | 6000 E Valencia Rd.*

SAGUARO NAT. PARK

Der in den Hügeln westlich und östlich von Tucson liegende Park schützt einen grandiosen Wald uralter, bis 15 m hoher Saguarokakteen (Blütezeit im Mai). An den *Visitor Centers* beginnen Lehrpfade und Straßen durch die ursprüngliche Wüstenlandschaft. *Tgl. 9–17 Uhr | www.nps.gov/sagu*

ÜBERNACHTEN

Preiswerte Motels liegen an den Autobahnabfahrten westlich des Stadtzentrums. Etwas außerhalb finden Sie luxuriöse Ferienanlagen mit Pools, Tennis- und Golfplätzen, die im Winter sehr teuer, im Sommer aber oft verblüffend preiswert sind *(€€–€€€)*, z. B. *Westin La Paloma | 487 Zi. | Tel. 520/742-60 00 | www.westinlapalomaresort.com*, oder das hübsche historische *Arizona Inn | 83 Zi. | Tel. 520/325-15 41 | www.arizonainn.com.*

AUSKUNFT

TUCSON CONVENTION & VISITORS BUREAU

100 S Church Ave., Tucson, AZ 85701 | Tel. 602/624-18 17 | www.visittucson.org

ZIEL IN DER UMGEBUNG

TOMBSTONE **[134 B4]**

Das legendäre Westernstädtchen rund 100 km südöstlich von Tucson, in dem einst Wyatt Earp und Doc Holliday gegen die Clanton-Brüder kämpften, lebt nicht zuletzt auf Grund seines Filmruhms vom Tourismus. Hinter den Holzfassaden lauern heute keine Revolverhelden mehr, sondern Souvenirhändler. Authentischer ist in jedem Fall das Bergbaustädtchen *Bisbee* 40 km südlich. Insider Tipp

ZION NAT. PARK

[133 F2] Kernstück des 595 km² großen Parks ist die 700 m tiefe, enge Schlucht des Virgin River (kostenlose Busse im Sommer). Über die letzten 13 Mio. Jahre hat der Fluss aus den Kalksteinschichten und dem tiefroten Sandstein spektakuläre Steilwände geschliffen. Besonders schön ist eine Fahrt auf dem *Scenic Drive* im Herbst, wenn sich die Blätter der Pappeln leuchtend gelb färben. Gute Wanderwege, wie z.B. der *Angels Landing Trail*. Insider Tipp In ca. zwei Stunden führt der am Ende sehr steile Pfad die Canyonwand hinauf. Nach der Anstrengung wartet oben eine atemberaubende Aussicht über das Tal des Virgin River. Wer über Nacht bleiben möchte, kann im *Zion Park Inn* absteigen, einem modernen Hotel am westlichen Parkeingang mit Pool und gemütlichem Restaurant *(120 Zi. | 1215 Zion Park Blvd., Springdale | Tel. 435/772-32 00 | www.zionparkinn.com | €€)*. Eine gute mexikanische Kneipe (super Margaritas und abends Livemusik) ist der *Bit 'n' Spur Saloon (1212 Zion Park Blvd., Springdale | €)*.

> BERGE, BERGE UND NOCHMAL BERGE

Der Besuch lohnt sich hier vor allem wegen der häufig herben, aber faszinierenden Naturschönheiten

> Die Wasserscheide der USA, der rund 4300 km lange östliche Teil der nordamerikanischen Kordilleren, ist ohne die höheren Ausläufer in Kanada und Alaska immer noch gut 3000 km lang. Westlich fließt alles in den Colorado, östlich alles in den Missouri. Hier gibt es 53 Gipfel, die mehr als 4260 m hoch sind.

Die Rockies entstanden vor gut 70 Mio. Jahren, erste Siedler waren vor Tausenden von Jahren Indianer. Weiße wagten sich erst ab etwa 1820 in das Gebirge, der Gold Rush von 1859/60 brachte sie in Massen.

Die Nationalparks der Rockies sind legendär: der wasserreiche Yellowstone, die Seen und Wiesen des Glacier, die 2000 m hohen Felswände des Grand Teton, die über der Baumgrenze liegende Felslandschaft des Rocky Mountain Park. Auf andere Weise legendär sind die wenigen Ortschaften: Aspen, das schicke Skidorado, die hoch gelegene Metro-

Bild: Yellowstone National Park

ROCKY MOUNTAINS

pole Denver, die ein Luftkurort sein könnte, Moscow (Idaho) so kalt und abweisend wie das russische Gegenstück im Kalten Krieg, Laramie und Cheyenne in Wyoming, wo die historischen Schlachten gegen die Indianer bis heute nachhallen.

Vier Bundesstaaten umfasst das Gebirge: Colorado, Wyoming, Montana und Idaho. Außerdem wird hier noch der Norden Utahs mit Salt Lake City dazugerechnet. Colorado mit den höchsten Gipfeln ist gut zu erreichen. Der Flughafen Denver wurde zum – flächenmäßig – größten der Welt ausgebaut. Wyoming ist, abgesehen vom Yellowstone und vom Grand Teton, ein einziges Strauchfeld, der am dünnsten besiedelte Staat der USA. In Montana ist die Gebirgslandschaft fast lieblich, voller Bäche und Seen. Im Süden Idahos gedeihen die berühmten Kartoffeln, der Norden ist so wild und ursprünglich, dass man schon meint, in Kanada zu sein.

ASPEN/VAIL

[129 E4] **Die beiden etwa 50 km auseinander liegenden Orte im Herzen von Colorado sind die berühmtesten Skiziele der Rockies, deren trockener Pulverschnee die Highsociety Amerikas ebenso anlockt wie europäische Carving-Fans.** Das elegante ★ *Aspen* (6000 Ew.) ist ein historisches Bergbaustädtchen, *Vail* (5000 Ew.) dagegen ein moderner, im alpenländischen Stil erbauter Skiort. Im Sommer werden Festivals organisiert und ist Wandern angesagt.

Auskunft: *Aspen Chamber Resort Ass., 425 Rio Grande Pl. | Tel. 970/925-19 40 | www.aspenchamber.org*

BOISE

[121 E5] **Die Hauptstadt (210 000 Ew.) des „Kartoffelstaats“ Idaho liegt in einem grünen Tal im ansonsten fast wüstenhaft trockenen Südwesten des Staats.** Eine Kleinstadt mit Parks und einer hübschen Altstadt, mit guten Restaurants und – als größter Attraktion – dem zu einem Museum umfunktionierten Gefängnis *Old Idaho State Penitentiary,* in dem bis 1973 Bankräuber, Revolverhelden und Viehdiebe einsaßen. Beliebter Treff ist die Braukneipe *Table Rock Brewpub (705 W Fulton St. | Tel. 208/342-09 44 | €).*

Auskunft: *Idaho Division of Tourism | 700 West State St., Boise, ID 83720 | Tel. 208/334-24 70 | www.visitidaho.org*

Wintersportparadies Aspen: beliebter Treff der Stars und Sternchen von Hollywood

ZIELE IN DER UMGEBUNG

HELLS CANYON [121 E3–4]

Rund 150 km nördlich von Boise tut sich an der Grenze zu Oregon die gewaltige Schlucht des Hells Canyon auf. Der Snake River hat sich hier auf einer Länge von 100 km ca. 2400 m tief in das vulkanische Gestein gegraben – tiefer als der Grand Canyon. Bootstouren können Sie von Lewiston und von Oxbow, Oregon, aus unternehmen *(Hells Canyon Adventures, Oxbow | Tel. 541/785-33 52 | www.hellscanyonadventures.com).*

SUN VALLEY [121 F5]

Das bekannteste Skigebiet Idahos, rund 200 km östlich von Boise, verdient auch im Sommer einen Besuch. Ganz in der Nähe liegt die schwarze Vulkanlandschaft des sehenswerten *Craters of the Moon Nat. Monument.* Im Norden ragen die *Sawtooth Mountains* auf, an deren gezackter Kette der Hwy. 75 als eindrucksvolle Panoramastraße entlang führt.

CHEYENNE

[129 E3] **Trotz seiner nur 53 000 Einwohner ist das 1867 als Bahnstation an der Union Pacific Railroad gegründete Cheyenne erstaunlicherweise die größte Stadt Wyomings.** Seiner Rolle als Hauptstadt des Cowboy State wird es wohl gerecht – mit Saloons und typischen alten Westernfassaden.

SEHENSWERTES

CHEYENNE FRONTIER DAYS/ OLD WEST MUSEUM

Das ausgezeichnete Museum beim Frontier Park zeigt die Geschichte der Stadt und des ältesten Rodeos der Welt, der *Cheyenne Frontier Days* (letzte Juliwoche | *www.cfdrodeo.com*). *Mo–Fr 8.30–17.30, Sa/So 9–17 Uhr | Eintritt 7 $ | Frontier Park | 4610 Carey Ave.| www.oldwestmuseum.org*

EINKAUFEN

THE WRANGLER

Alles für den echten Cowboy – Stetsonhüte, Stiefel und silberne Gürtelschnallen. *1518 Capitol Ave.*

CODY

[123 D4] **Cody liegt in bergumrahmter Lage und nahe dem Osteingang des Yellowstone Nat. Park.** Das Westernstädtchen (9000 Ew.) wurde 1898 von Buffalo Bill gegründet und ist ein

MARCO POLO HIGHLIGHTS

★ **Aspen**
Historisches Silberstädtchen und Jetsettreff der Hollywoodstars (Seite 70)

★ **Buffalo Bill Historical Center**
In Cody erfahren Sie alles über den berühmten Buffalo Bill (Seite 72)

★ **Going-to-the-Sun Road**
Die schönste Panoramastraße der Rockies im Glacier Nat. Park steigt hoch hinauf (Seite 76)

★ **Old Faithful**
Spritzender Geysir in Amerikas ältestem Nationalpark, dem Yellowstone Nat. Park (Seite 79)

beliebtes Touristenziel. Im Sommer jeden Abend ein Rodeo.

SEHENSWERTES

BUFFALO BILL HISTORICAL CENTER ★

Das größte Westernmuseum der Rockies mit Ausstellungen zur Legende Buffalo Bill, zur Naturgeschichte der Rockies, zur Westernkunst und den Prärie-Indianern. *Im Sommer tgl. 8–20, im Frühjahr/Herbst 8–17 Uhr | Eintritt 15 $ | 720 Sheridan Ave. | www.bbhc.org*

>LOW BUDGET

- Günstiger als bei *Sam's No. 3* können Sie sich in Denver nicht an Burgern, Hot Dogs und Chili satt essen. Ein Erlebnis – wenn auch ein fettiges. *1500 Curtis St. | Tel. 303/534-19 27 | www.samsno3.com*
- 1896 überließen die Shoshone-Indianer die heißen Quellen von Thermopolis der weißen Regierung mit der Auflage, dass das Baden hier »für alle Zeiten und für alle Menschen« kostenlos bleiben sollte. Und so ist es im *Hot Springs Park* von Thermopolis, Wyoming, bis heute.
- Selbst in den nobelsten Skiorten finden junge Ski-Bums günstige Hostels für eine billige Skiwoche. Schlafsaalpreise liegen bei 30–40 $, Doppelzimmer bei gut 100 $. Zum Beispiel in Park City im *Chateau Apres (1299 Norfolk Ave. | Tel. 435/649-93 72 | www.chateauapres.com).*
- Beliebt zur Happy Hour ist in Denver das mexikanische *Tamayo* mit Terrasse im Obergeschoss. Ab 17 Uhr gibt es billiges Bier und gute, günstige Häppchen. *1400 Larimer St. | Tel. 303/946-14 33*

ESSEN & TRINKEN

IRMA HOTEL

Speisesaal in Colonel Codys Hotel von 1902. Die Bar erhielt Buffalo Bill von Queen Victoria. *1192 Sheridan Ave. | Tel. 307/587-42 21 | €€*

ÜBERNACHTEN

ABSAROKA MOUNTAIN LODGE

Gemütliche Ranch etwa 30 km westlich von Cody. Ausritte. *16 Zi. | 1231 Northfork Hwy. | Cody | Tel. 307/587-39 63 | www.absarokamtlodge.com | €–€€*

BUFFALO BILL VILLAGE

Rustikales Motel mit Campingplatz nahe Stadtzentrum. *83 Zi. | 1701 Sheridan Ave. | Tel. 307/587-55 44 | www.blairhotels.com | €*

AUSKUNFT

CODY COUNTRY CHAMBER

836 Sheridan Ave., Cody, WY 82414 | Tel. 307/587-27 77 | www.codywy.org

COLORADO SPRINGS

[129 F4–5] **Trotz ihrer Größe und ihrer 575 000 Einwohner hat sich die 1871 als Kurort gegründete Stadt viel von ihrem Erholungswert erhalten.** Die herrliche Lage am sonnigen Ostrand der Rocky Mountains, Naturparks wie der *Garden of the Gods* mit seinen bizarren roten Felsformationen, hübsche Westernstädtchen in der Umgebung wie *Manitou Springs* und gepflegte Golfplätze machen Colorado Springs zu einem beliebten Urlaubsziel.

Buffalo Bill Historical Center: Informatives über Westernhelden, Waffen und den Wilden Westen

SEHENSWERTES

PRO RODEO HALL OF FAME

Ein gut gestaltetes Museum mit viel Wildwestgeschichte. *Tgl. 9–17 Uhr | Eintritt 6 $ | I-25, Exit 147 | www.prorodeohalloffame.com*

US OLYMPIC TRAINING CENTER

Kostenlose Führungen geben Einblicke in die Trainingseinrichtungen der Athleten. *1750 E Boulder St. | www.teamusa.org*

ÜBERNACHTEN

THE BROADMOOR

Ein elegantes Traditionshotel mit Swimmingpools und Spa, Golf- und Tennisplätzen sowie einer Schlittschuhbahn. *704 Zi. | 1 Lake Ave. | Tel. 800/634-77 11 | www.broadmoor.com* | €€€

ZIEL IN DER UMGEBUNG

PIKES PEAK [129 E4]

Der 4301 m hohe Gipfel (40 km westlich) ist wohl einer der berühmtesten Berge Amerikas – voll erschlossen mit Zahnradbahn ab Manitou Springs und einer kurvenreichen Panoramastraße zur Bergspitze, von der man immer wieder großartige Ausblicke hat.

DENVER

[129 E4] **Ihren Anfängen als wilde Goldgräberstadt ist die Hauptstadt Colorados mit rund 2,4 Mio. Einwohnern im Großraum längst entwachsen.** Die *Mile High*

City – so genannt, weil sie auf 1600 m Höhe an der Ostflanke der Rocky Mountains liegt – lebt heute von Hightechindustrie, Transport- und Energiewirtschaft und gilt mit ihrem sonnigen, trockenen Klima, den nahen Bergen und zahlreichen Parks im Stadtgebiet als eine der lebenswertesten Metropolen der USA. Beliebteste Flaniermeile ist die *16th Street Mall*, eine Fußgängerzone mit Läden und Cafés. Im Sommer spielen hier abends oft Bands auf der Terrassen der Kneipen, und auch Kultur ist geboten: im neuen *Museum of Contemporary Art (485 Delgany St.)* am Nordwestende der Mall und im *Civic Center Park* am Südostende. Dort warten mehrere Museen und das von einer goldenen Kuppel gekrönte *State Capitol*.

SEHENSWERTES

DENVER ART MUSEUM

Ein Bau wie eine Burg mit einem 2006 vollendeten Anbau des Stararchitekten Daniel Libeskind. Drinnen gibt es hervorragende Sammlungen indianischen Kunsthandwerks. *Di–Sa 10–17, So 12–17 Uhr | Eintritt 13 $ | 100 W 14th Ave. Parkway*

MUSEUM OF NATURE & SCIENCE

Die Naturgeschichte der Rockies: Geologie, das Zeitalter der Dinosaurier und die heutige Flora und Fauna. *Tgl. 9–17 Uhr | Eintritt 10 $ | im City Park, 2001 Colorado Blvd.*

ESSEN & TRINKEN

BUCKHORN EXCHANGE

Deftige Westernkost in Denvers ältestem Restaurant: Rippchen, Büffelsteaks. Anfahrt am besten per Taxi. *1000 Osage St. | Tel. 303/534-95 05 | €€€*

> GÄSTERANCHES

Urlaub mit den Cowboys

Ferien auf der *Dude Ranch* haben lange Tradition in den Rockies und sind die ideale Gelegenheit, das Westernleben original zu erfahren. Die echten *Dude* oder *Resort Ranches* sind recht luxuriöse Reiterhöfe. Uriger geht es auf den familiären *Guest Ranches* zu, auf denen ebenfalls täglich Ausritte auf dem Programm stehen. Und wer schon gut reiten kann, sollte sich auf einer *Working Ranch* einmieten, wo noch mit den Rindern gearbeitet wird. Das Nonplusultra aber ist ein *Cattle Drive*, bei dem eine Herde zur Sommerweide in die Berge getrieben wird *(www.duderanch.org)*.

Repräsentativ in klassizistischem Stil: City & County Building im Civic Center Park von Denver

ROCKY MOUNTAIN DINER
Original Westernflair und extragroße Portionen. *800 18th St.* | *Tel. 303/293-83 83* | €

TED'S MONTANA GRILL
Bisonburger und Bisonsteaks im Lokal von Bisonzüchter und CNN-Gründer Ted Turner. *1401 Larimer St.* | *Tel. 303/893-06 54* | €–€€

ÜBERNACHTEN

BROWN PALACE
Grandhotel aus der Zeit der Wende zum 20. Jh. mit großartiger Lobby. Zentral gelegen. *241 Zi.* | *321 17th St.* | *Tel. 303/297-31 11* | *www.brownpalace.com* | €€€

COMFORT INN DOWNTOWN
Solides Kettenhotel. *229 Zi.* | *401 17th St.* | *Tel. 303/296-04 00* | *www.comfortinndenver.com* | €€

Insider Tipp **CURTIS HOTEL** ▶▶
Witziges Designhotel, das sich die Popkultur zum Thema genommen hat. Gutes Restaurant. *1405 Curtis St.* | *Tel. 303/571-03 00* | *www.thecurtis.com* | €€–€€€

AM ABEND

Beliebt sind die zahlreichen Restaurants und Bars des *Larimer Square (Larimer/15th Sts.)* oder Minibrauereien wie die ▶▶ *Wynkoop Brewing Company (1634 18th St.)*.

AUSKUNFT

DENVER VISITORS BUREAU
1555 California St., Suite 300, Denver, CO 80202 | *Tel. 303/892-15 05* | *www.denver.org; Infozentrum: 918 16th St. Mall*

ZIELE IN DER UMGEBUNG

GOLDEN [129 E4]
Das historische Städtchen 20 km westlich und direkt am Fuß der Berge ist günstiger Ausgangspunkt für Tagestouren in die *Denver Mountain Parks*. Am Gipfel des *Lookout Mountain* liegt Buffalo Bills Grab (mit angeschlossenem *Museum*).

ROCKY MOUNTAIN NAT. PARK [129 E3]
Gut 100 km nordwestlich von Denver warten 1080 km² grandiose Bergszenerie im Herzen der Rockies. Schönste Panoramastraße des Parks ist die *Trail Ridge Road* über die kontinentale Wasserscheide. *Visitor Center* und Unterkünfte befinden sich im alten Erholungsort *Estes Park.*

GLACIER NAT. PARK

[121 F1] **Der 4100 km² große Park im Norden Montanas ist mit dem in Kanada angrenzenden Waterton Lakes Nat. Park eines der größten Schutzgebiete der Rocky Mountains.** Besonders eindrucksvoll ist eine Fahrt auf der ★ *Going-to-the-Sun Road (Juli bis Sept. geöffnet).* In zahllosen Haarnadelkurven steigt die Straße zum 2036 m hohen *Logan Pass* im Herzen der Rockies hinauf. Die Strecke wurde schon 1932 erbaut, ein Meisterwerk der Ingenieurkunst. Ebenfalls beeindruckend ist eine Bootsfahrt auf einem der Gletscherseen, dem *Lake McDonald* oder dem *Lake St. Mary.* Wilde Raftingfahrten und Übernachtungsmöglichkeit in gemütlicher Blockhüttenlodge bietet das *Great Northern Resort (5 Zi. | 12127 Hwy. 2, West Glacier | Tel. 800/735-78 97 | www.gnwhitewater.com | €€–€€€).*

GRAND JUNCTION

[129 D4] **Die Farmerstadt (45 000 Ew.) liegt in einem weiten, fruchtbaren Tal an der Mündung des Gunnison River in den Colorado River.** Sie ist der beste Ausgangspunkt für Touren in die spektakuläre Canyonlandschaft des *Colorado Nat. Monument* (sehr beliebt für Fahrradtouren) am Westrand des Orts und zum *Black Canyon of the Gunnison Nat. Park* rund 120 km südlich.

JACKSON

[122 B5] **Das Städtchen (9000 Ew.) in einem üppig grünen, weiten Tal, dem *Jackson Hole,* pflegt sein Cowboyimage**

Großartige Kulisse: Über 4000 m hoch sind die Berggipfel des Grand Teton Nat. Park bei Jackson

mit großer Beharrlichkeit. Brettergehsteige und hölzerne Fassaden säumen die Straßen, auf dem Marktplatz stehen vier große Torbögen aus Elchgeweihen und Cowboybars wie Gästeranches locken Besucher an, die vor allem wegen der grandiosen Berglandschaft des nahen *Grand Teton Nat. Park* kommen (Wanderwege).

ÜBERNACHTEN

ALPINE HOUSE

Eine moderne, gepflegte Frühstückspension in einer ruhigen Seitenstraße. *22 Zi. | 285 N Glenwood | Tel. 307/739-15 70 | www.alpinehouse.com | €€–€€€*

FREIZEIT & SPORT

Mehrere Veranstalter in Jackson bieten Schlauchbootfahrten auf dem Snake River an, darunter *Dave Hansen River Trips (Tel. 307/733-62 95 | www.davehansenwhitewater.com)* oder *Snake River Kayak & Canoe (Tel. 307/733-99 99 | www.snakeriverkayak.com)*, die auch Kanus vermieten.

SALT LAKE CITY

[128 B3] **Die saubere, weitläufige Hauptstadt Utahs (1,2 Mio. Ew.) liegt am Ostrand des Great Salt Lake vor der Kulisse der 3500 m hohen Wasatch Mountains.** Trotz zahlreicher moderner Industrien (Elektronik, Textilverarbeitung und Energiewirtschaft) ist Salt Lake City vor allem als religiöses Zentrum der „Kirche Jesu Christi der Heiligen der Letzten Tage", der Mormonen, bekannt. Nach Verfolgungen im Osten der USA zogen die mormonischen Pioniere 1847 gen Westen, begründeten im Tal des Salt Lake einen Gottesstaat und machten die Wüste fruchtbar. Viele Denkmäler erinnern an die historische Wanderung. Ganz andere Attraktionen bietet die Stadt im Winter: Zu den besten Skigebieten Utahs, z.B. *Alta, Snowbird* oder *Park City,* wo 2002 die Olympischen Winterspiele stattfanden, ist es von der Innenstadt aus nur eine halbe Stunde Fahrt.

SEHENSWERTES

TEMPLE SQUARE

Fast alle Attraktionen, die das Weltzentrum der Mormonen zu bieten hat, liegen um diesen Platz im Stadtmittelpunkt. Der sechstürmige *Tempel* (1853–93) ist für die nicht mormonische Öffentlichkeit geschlossen, doch gibt es einige andere historische Gebäude wie das *Haus des Mormonenführers Brigham Young* und die *Tabernacle-Konzerthalle* (derzeit unter Renovierung), die zur Besichtigung offen stehen. *Kostenlose Führungen auch in Deutsch | tgl. 9 bis*

21 Uhr | Chorkonzerte Do 20, So 8.15 Uhr

THIS IS THE PLACE STATE PARK
Ein Museumsdorf und Ausstellungen veranschaulichen den Zug der Pioniere nach Westen. *Mo–Sa 9–17 Uhr; Museumsdorf nur im Sommer | Eintritt 8 $ | Emigration Canyon*

ESSEN & TRINKEN

METROPOLITAN
Elegantes Dinnerlokal in einem alten Lagerhaus, fabelhafte Wild- und Fischgerichte. *173 W Broadway | Tel. 801/364-34 72 | €€€*

ÜBERNACHTEN

PEERY
Ein liebevoll renoviertes älteres Hotel im Zentrum der Stadt mit sehr gutem Restaurant. *63 Zi. | 110 W 300 South | Tel. 801/521-43 00 | www.peeryhotel.com | €€*

AUSKUNFT

UTAH TRAVEL COUNCIL
Council Hall, Capitol Hill, 300 North State, Salt Lake City, UT 84114 | Tel. 800/200-11 60 | www.utah.com; Infobüros gegenüber dem Capitol

ZIEL IN DER UMGEBUNG

TIMPANOGOS CAVE [128 B3]
In der großen Höhle an der Nordflanke des 3581 m hohen Mount Timpanogos (50 km südöstlich) sind spektakuläre Tropfsteinformationen zu bewundern. *Führungen (3 Std.)*

SHERIDAN

[123 D4] **Das Rancherstädtchen (16 000 Ew.) im Norden von Wyoming liegt mitten im Land der Indianer und Cowboys.** Im Norden dehnen sich große Indianerreservate aus. In den nahen Bighorn Mountains laden mehrere Gästeranches zu *trailrides* ein. In den Saloons der Main Street (z.B. der *Mint Bar*) geht es am Wochenende hoch her – ein raues Vergnügen. Insider Tipp

ZIEL IN DER UMGEBUNG

LITTLE BIGHORN BATTLEFIELD NAT. MONUMENT [123 D4]
In der heutigen Crow Indian Reservation liegt das Schlachtfeld des

> MORMONEN

Gläubige Siedler in der Wüste

Bis heute führen zwölf Apostel die Mormonen an. Der Ältestenrat bürgt für den konservativen Lebensstil dieser christlichen Sekte ohne Sünden wie Alkohol oder Tabak – und ohne viele Rechte für die Frauen. Joseph Smith aus Vermont hatte 1827 in einem Traum das Buch „Mormon" von einem Engel empfangen und niedergeschrieben. Unter ihrem nächsten Anführer Brigham Young wanderten die Gläubigen 1847 gen Westen aus, machten die Wüsten um den Salt Lake fruchtbar und gründeten den späteren Bundesstaat Utah. Dort ist die Kirche Jesu Christi der „Heiligen der Letzten Tage", so nennen sich die Mormonen selbst, mit ihrem Sitz in Salt Lake City bis heute die wichtigste politische und wirtschaftliche Kraft.

größten Siegs, den die Indianer über die Weißen errangen. Im Juni 1876 unterlag hier General Custer den Sioux- und Cheyennekriegern unter der Führung von Sitting Bull. *Visitor Center* (Filmvorführungen). *Im Sommer tgl. 8–20 Uhr | 100 km nördlich von Sheridan an der I-90 | Eintritt 10 $ pro Fahrzeug | www.nps.gov/libi*

YELLOWSTONE NAT. PARK

KARTE IN DER HINTEREN UMSCHLAGKLAPPE

[122 B–C4–5] **Das 8992 km² große Schutzgebiet im waldreichen Nordwesten Wyomings wurde bereits 1872 gegründet und ist damit der älteste Nationalpark der USA.** Ein geologisches Wunderland mit bunt verfärbten Schluchten, dampfenden Schwefelquellen und über 200 Geysiren, darunter der legendäre ★ *Old Faithful,* der etwa alle zwei Stunden in hoher Fontäne ausbricht. Dazu kommt eine reiche Tierwelt: 4000 Amerikanische Büffel, Elche, Hirsche, Biber und Bergschafe. Von den Waldbränden des Jahres 1988 hat sich die Vegetation gut erholt. *Museen* und *Visitor Centers* erläutern die Geologie und Tierwelt, Lehrpfade erschließen die interessantesten Punkte.

Hier sprüht die Erde heiße Fontänen: Geysir im Yellowstone Nat. Park

ÜBERNACHTEN

CHICO HOT SPRINGS

Alte Lodge mit heißen Quellen, hervorragendem Restaurant und urigem Saloon. *90 Zi. | Paradise Valley, ca. 30 Min. Fahrzeit nördl. an der US 89, Pray, Montana | Tel. 406/333-49 33 | www.chicohotsprings.com | €–€€€*

YELLOWSTONE LODGES

Alle Hotels des Parks wie z.B. das historische *Old Faithful Inn* oder das *Lake Hotel* werden von Xanterra verwaltet. Achtung: Für den Sommer sollten Sie bereits mehrere Monate im Voraus reservieren! *Xanterra Resorts, P. O. Box 165, Yellowstone Park, WY 82190 | Tel. 307/344-73 11 | www.travelyellowstone.com | €€–€€€*

AUSKUNFT

YELLOWSTONE NAT. PARK

P. O. Box 168, Yellowstone Nat. Park, WY 82190 | Tel. 307/344-73 81 | www.nps.gov/yell

> WEIZEN UND MAIS, ÖL UND RINDER

Im ehemaligen Indianerland dominiert, was der Boden hergibt

> Wieder ein Stück aus dem großen Kuchen, ein bisschen unregelmäßig geschnitten, etwa so: oben die beiden rechteckigen Dakotas, darunter – auch fast rechteckig – Nebraska und Kansas.

Go west, young man, und steck deinen Claim ab. Die Grenzen größerer Einheiten werden mit dem Lineal auf dem Kartentisch in Washington gezogen: südlich von Kansas das nicht mehr ganz so gradlinige Oklahoma und Texas ist fast ein eigenes Land – was es in seiner Größe und Bedeutung auch einmal war.

In den Prärien muss man sich auf Leere einstellen. John Steinbecks *Okies* zogen mit gutem Grund aus der „Staubschüssel". Viele folgten, und seit den 1930er-Jahren ist die Bevölkerungszahl der Plains ständig gesunken. Zwei Drittel des amerikanischen Weizens wachsen auf den immensen Ebenen, und in den letzten Jahren, seitdem die Spritpreise ex-

Bild: Cowboys im Palo Duro Canyon

TEXAS & DIE PRÄRIEN

plodieren, auch viel Mais für die Ethanolherstellung.

Wen wundert's, wenn South Dakotas Mondlandschaften zu Recht *Badlands* heißen, wenn der Mount Rushmore mit den Präsidentenköpfen der meistbesuchte Platz ist, und wenn die Natur die einzigen Dramen produziert: spektakuläre Gewitter und Tornados.

Texas ist gar nicht viel anders, nur heißer, an der Grenze zu Mexiko pittoresker und insgesamt unterirdisch gesegneter – mit Öl. Überall sieht man die nickenden Pumpenköpfe, die wie übergroße, stählerne Bienen den schwarzen Nektar aus dem Boden saugen. Dieser Nektar lässt sich heute mehr denn je so schnell in Geld verwandeln, dass die Glas- und Stahltürme von Houston und Dallas sicher auf lange Zeit wichtige Machtzentren der USA bleiben werden.

AMARILLO

[130 B5] **Der Panhandle von Texas, der äußerste Norden, ist eine schier endlose Ebene.** In dem von Trappern und Siedlern einst gefürchteten *Llano Estacado* herrschten noch vor 130 Jahren die Komantschen. Heute regiert in Amarillo (187000 Ew.) die Ölindustrie, und die Stadt sitzt auf 90 Prozent der Heliumvorkommen weltweit. Dienstags ist seit 100 Jahren große Viehauktion. Die Attraktionen sind das neue *American Quarter Horse Museum,* in dem die bei den Cowboys beliebteste Pferderasse gefeiert wird *(im Sommer tgl. 9–17 Uhr | Eintritt 6 $ | 2601 I-40 East)* und die *Cadillac Ranch,* eine Pop-Art-Skulptur aus zehn kopfüber in die Prärie gesteckten Cadillacs *(an der I-40, 15 km westlich).* Stilecht essen kann man in der *Big Texan Steak Ranch* (Insid Tip) *(7701 I-40 East | Tel. 800/657-71 77 | €€–€€€).* Wer das 2 kg schwere Steak schafft, zahlt nichts.

Cadillac Ranch in Amarillo: Pop-Art mit alten Autos

ZIEL IN DER UMGEBUNG

PALO DURO CANYON [130 B5–6]

Nach einem Besuch im ausgezeichneten *Panhandle-Plains Historical Museum* in Canyon *(Mo Sa 9 17, So 13–18 Uhr | Eintritt 12 $),* 30 km südlich von Amarillo, wartet östlich des Städtchens die rote Schluchtenwelt des gut 400 m tiefen und rund 100 km langen Canyon (Panoramastraßen, Wanderwege). Juni bis August Aufführungen des Musicals „Texas" im großen Amphitheater *(Tel. 806/655-21 81).*

AUSTIN

[137 D3] **Die Hauptstadt von Texas hat sich seit ihrer Gründung 1840 zur lebenswerten Hightechmetropole mit mehr als 1,4 Mio. Menschen entwickelt.** Eine große Universität und viele Technologiefirmen sorgen für eine junge Bevölkerung, was sich in einer lebendigen Restaurant- und Musikszene niederschlägt. Nicht verpassen dürfen Sie einen Blick in das pompöse *State Capitol* (Ausstellungen über Texas) und einen Bummel durch den bunten *Central Market (40th St./Lamar Blvd.).* Das beliebteste Ziel im heißen Sommer sind die *Barton Springs* im Zilker Park mit einem 300 m langen Pool, der aus Naturquellen gespeist wird. Ganz natürlich ist auch ein allabendliches Spektakel um die *Congress Avenue Bridge* der Stadt: Hier nisten den Sommer über rund 1,5 Mio. Fledermäuse, die gegen Sonnenuntergang in riesigen schwarzen Wolken zur Futtersuche ausschwärmen (auch auf Bootstouren zu beobachten).

SEHENSWERTES

TEXAS STATE HISTORY MUSEUM

Alles über Texas – von den Indianern bis zur Ölindustrie. Imaxkino. *1800 N Congress Ave. | Mo–Sa 9–18, So 12–18 Uhr | Eintritt 7 $*

ESSEN & TRINKEN

THE OASIS

Dinner und Drinks mit herrlichem Blick über das Hill Country. *20 km westlich, 6550 Comanche Trail | Tel. 512/266-24 42* | €€

THREADGILL'S

Ein klassischer Diner in einer alten Tankstelle – und ein Pilgerziel für Musikfans, denn Janis Joplin begann hier ihre Karriere. *6416 N Lamar Blvd. | Tel. 512/451-54 40* | €

AM ABEND

Austins Nachtleben konzentriert sich um die *Sixth St.* und im alten *Warehouse District* um die *W Fifth St.*, wo in den Clubs jeden Abend Country-, Blues- und Jazzbands spielen. Tipp: *Antone's (213 W Fifth St. | www.antones.net)* oder am Südende der Stadt die klassische *Honky-Tonk Dance Hall Broken Spoke (3201 S Lamar St. | www.brokenspokeaustintx.com).*

AUSKUNFT

AUSTIN VISITOR CENTER

209 E Sixth St., TX 78701 | Tel. 866/462-87 84 | www.austintexas.org

BLACK HILLS

[124 A4] Seit Kevin Costners Monumentalfilm „Der mit dem Wolf tanzt" ist das ungefähr 150 km lange Mittelgebirge im Westen South Dakotas filmbekannt. Wie eine kühle Oase ragt es aus der Prärie auf. Aus der Ferne geben die Tannen- und Kiefernwälder den Bergen einen

MARCO POLO HIGHLIGHTS

★ **Mount Rushmore & Crazy Horse**
In Stein gehauene Präsidentenköpfe – monumentales Pilgerziel für alljährlich Millionen von Besuchern (Seite 84)

★ **Badlands Nat. Park**
Ein Blick in die bizarre Landschaft eines zerklüfteten Prärieplateaus, geschaffen aus weißer vulkanischer Asche (Seite 85)

★ **Billy Bob's**
Ein Countrysaloon der Superklasse in Fort Worth (Seite 87)

★ **Space Center Houston**
Raumfahrt hautnah, ohne auf Wolken zu schweben (Seite 90)

★ **Riverwalk**
Alle Klischees von Old Mexico in San Antonio (Seite 92)

dunklen, fast schwarzen Anschein: daher ihr Name Black Hills. Den Sioux-Indiandern waren die Berge heilig, die Weißen entdeckten dort Gold, und heutigen Besuchern sind sie eine vielfältige Erholungslandschaft mit Panoramastraßen wie etwa dem *Needles Highway,* Wanderwegen und einer frei lebenden Bisonherde mit fast 2000 Tieren im *Custer State Park.* Bester Ausgangspunkt für Touren zum *Mount Rushmore* und den großen Tropfsteinhöhlen *Black Hills Caverns, Jewel Cave* und *Wind Cave Nat. Park* ist *Rapid City.*

SEHENSWERTES

DEADWOOD

Eine 1876 gegründete Goldgräberstadt, auf deren Friedhof die Westernlegenden Wild Bill Hickok und Calamity Jane ruhen. Im Saloon No. 10 an der Main Street wird jeden Nachmittag der unzeitige Tod von Wild Bill nachgestellt – erschossen beim Pokern, na klar.

MOUNT RUSHMORE & CRAZY HORSE

Im zentralen Teil der Hills liegt ★ *Mount Rushmore,* Amerikas größtes Nationalheiligtum: die vier je 20 m hohen Köpfe der Präsidenten George Washington, Thomas Jefferson, Theodore Roosevelt und Abraham Lincoln, die in den Berg gehauen wurden. Rund 30 km weiter westlich entsteht das Gegenstück: das fast 200 m hohe Standbild *Crazy Horse,* gewidmet dem legendären Sioux-Krieger, der einst General Custer am Little Big Horn besiegte. Aber es gibt auch unbehauene Berge, z.B. den *Devil's Tower* am Nordrand der Black Hills: ein 260 m hoher Vulkanschlot, der wie ein versteinerter Baumstumpf aussieht.

THE JOURNEY

Ausgezeichnetes Indianermuseum. *Tgl. 9–17, im Winter Mo–Sa 10–17, So 13–17 Uhr | Eintritt 5 $ | 222 New York St. | Rapid City | www.journeymuseum.org*

Touristenmagnet Mount Rushmore, der „Altar der US-amerikanischen Demokratie"

EINKAUFEN

PRAIRIE EDGE GALLERY

Einer der besten Läden der USA für authentische Kunst der Präriestämme: Perlenstickereien, Malerei, Schnitzerei. *6th/Main St.* | *Rapid City*

ÜBERNACHTEN

ALEX JOHNSON

Renovierter Glanz vom Anfang des 20. Jhs., filmbekannt aus Hitchcocks „Der unsichtbare Dritte". *137 Zi.* | *523 Sixth St.* | *Rapid City* | *Tel. 605/342-12 10* | *www.alexjohnson.com* | €€

FRANKLIN

Historisches Westernhotel mit schöner alter Bar. *81 Zi.* | *700 Main St.* | *Deadwood* | *Tel. 605/578-22 41* | *www.silveradocasino.com* | €

Insider Tipp **RED ROCK RIVER RESORT**

Liebevoll renoviertes B & B in einem verschlafenen alten Kurort aus dem Wilden Westen; eigenes Spa, guter Cappuccino zum Frühstück. *6 Zi.* | *603 North River St.* | *Hot Springs* | *www.redrockriverresort.com* | €–€€

AUSKUNFT

RAPID CITY VISITORS BUREAU

444 Mount Rushmore Rd. N, Rapid City, SD 57709 | *Tel. 800/487-32 23* | *www.rapidcitycvb.com*

ZIEL IN DER UMGEBUNG

BADLANDS NAT. PARK ★ [124 B4–5]

Regen und Wind haben aus dem weichen, einst flachen Prärieboden rund 100 km östlich der Black Hills (an der I-90) phantastische Säulen und Schluchten geschnitzt. Das 35 Mio. Jahre alte Sedimentgestein besteht großteils aus weißer vulkanischer Asche, was der ganzen Landschaft ein geisterhaftes Aussehen verleiht (Wanderwege, Besucherzentrum, *www.badlands.national-park.com*).

Das winzige Dorf *Wall* am Rand des Nationalparks zelebriert amerikanischen Kitsch in Reinform: Dort steht der selbst ernannte größte Drugstore des Landes – *Wall Drug*. Insider Tipp In einem Labyrinth von Gängen warten hier Plastikbüffel, bunte Westernhemden und viel anderer herrlicher Kitsch.

DALLAS/ FORT WORTH

[137 D1] **Seit J. R. auf den Bildschirmen weltweit sein Unwesen trieb, ist Dallas berühmt, und das Klischee erweist sich als gar nicht so falsch.** Der große Ölboom der 1930er-Jahre hat Dallas und seine 50 km westlich gelegene Schwesterstadt Fort Worth zu finanzkräftigen Metropolen (6,1 Mio. Ew.) mit mehr Millionären und dicken Allradwagen als sonstwo im reichen Texas gemacht. Heute sorgen Bankgewerbe, Elektronik- und Textilindustrie für kräftiges Wachstum. So kann sich Dallas spiegelnde Wolkenkratzer leisten, ein Rathaus von I. M. Pei, ein Theater von Frank Lloyd Wright, das neue *Nasher Sculpture Center* mit modernen Plastiken von Weltrang, die *Southfork Filmranch (tgl. Führungen)* und schicke Shoppingcenter wie die *Galleria* oder das *Crescent Court Center*.

Fort Worth glänzt dafür mit hervorragenden Museen. Der restaurierte *Stockyards District* zeugt von der Bedeutung der Stadt als Viehstation. Und noch etwas: Präsident Kennedy wurde 1963 in Dallas ermordet. Ein schlichtes, eindrucksvolles Denkmal an der Kreuzung Main und Market Sts. und die Ausstellung *The Sixth Floor (tgl. 10–18 Uhr, Mo ab 12 Uhr | Eintritt 13,50 $ | 411 Elm St.)* erinnern an ihn.

SEHENSWERTES

AMON CARTER MUSEUM

Die schönsten Werke von Frederic Remington und Charles Russell und viel andere Westernkunst. *Di–Sa 10 bis 17, Do 10–20 Uhr, So 12–17 Uhr | Eintritt frei | 3501 Camp Bowie Blvd. | Fort Worth*

KIMBELL ART MUSEUM

Großartige Sammlung europäischer Kunst von Caravaggio bis Piet Mondrian. *Di–Do/Sa 10–17, Fr 10–20, So 12–17 Uhr | Eintritt frei | 3333 Camp Bowie Blvd. | Fort Worth*

NATIONAL COWGIRL MUSEUM

Eine Ruhmeshalle für die Frauen des Wilden Westens. *Di–Sa 10–17, So 12–17 Uhr | Eintritt 8 $ | 61720 Gendy St. | Fort Worth*

THE MODERN

Ganz neu, ganz gut: Der gläserne Bau des Japaners Tadeo Ando birgt moderne Kunst von Baselitz bis Andy Warhol. *Di–Sa 10–17, So 11 bis 17 Uhr | Eintritt 12 $ | 3200 Darnell St. | Fort Worth*

>LOW BUDGET

- Sparen mit Discount-Pässen: Das San Antonio Visitors Bureau verkauft den *San Antonio and Beyond Pass* (ab 29 $, rund 50 Prozent Ersparnis). In Houston gibt es den *CityPass* (6 Attraktionen inkl. Nasa-Zentrum 34 $).
- Dallas ist nicht gerade berühmt für öffentliche Verkehrsmittel, aber Bus und Bahn sind hier spottbillig: 3 $ der Tagespass, 5 $ für die gesamte Region (inkl. Fort Worth und Flughafen).
- Die *Red Cloud Indian School*, eine Jesuitenmission im *Pine Ridge Reservat* von South Dakota, verkauft in ihrem Laden sehr gute und günstige indianische Kunst. Dazu jeden Sommer Kunstauktion. *Hwy. 18 | Pine Ridge*
- Im großen Westernclub *Gilley's Dallas* gibt's Sa 18–20 Uhr Gratisunterricht in Line-dancing und Twostep. *1135 S Lamar St. | Dallas | Tel. 214/421-20 21 | www.gilleysdallas.com*
- Die mit über 100 Markenläden größte Outlet-Mall in Texas sind die *Prime Outlets of San Marcos* zwischen Austin und San Antonio. *I-35, Exit 200*

ESSEN & TRINKEN

JOE T. GARCIA'S

In Mexico könnten die Enchiladas und Fajitas nicht authentischer und die Terrasse nicht schöner sein. *2201 N Commerce St. | 817/626-43 56 | €*

MIKE ANDERSON'S BBQ

Insider Tip

Gemütlich, rauchig – eines der BBQ-Lokale der Stadt. Auch mit Terrasse. Nur Lunch. *So geschl. | 5410 Harry Hines Blvd. | Tel. 214/630-07 35 | €*

ÜBERNACHTEN

BEST WESTERN MARKET CENTER

Sauber und solide, nahe zur Innenstadt. *98 Zi. | Dallas, 2023 Market*

Billy Bob's: ein riesiger Club auf über 11 000 m² mit Bars, Restaurants, Spielhallen und Rodeo

Center Blvd. | *Tel. 214/741-90 00* | *www.bestwestern.com* | €€

HYATT REGENCY

Ein spiegelndes Megahotel, wie Dallas es verdient. Als Krönung ein Restaurant im Turm mit tollem Blick über die Stadt. *943 Zi.* | *Dallas, 300 Reunion Blvd.* | *Tel. 214/651-12 34* | *www.dallasregency.hyatt.com* | €€€

AM ABEND

Die Zentren des Nachtlebens in Dallas sind der *West End Historic District* und das Trendviertel *Deep Ellum* mit zahlreichen Blues- und Jazzclubs. In Fort Worth trifft man sich im *Stockyards District.*

BILLY BOB'S ★

Der größte Country- & Westernclub weltweit, mit gut 40 Bars, zahlreichen Lokalen, Shops und eigener Indoor-Rodeoarena. *2520 Rodeo Plaza, Fort Worth* | *Tel. 817/624-71 17* | *www.billybobstexas.com*

AUSKUNFT

DALLAS VISITORS CENTER

Old Red Courthouse, 100 S Houston St., TX 75201 | *Tel. 214/571-13 00* | *www.dallasfortworthtravel.com*

EL PASO

[135 E4] Die rasch wachsende Metropole (735 000 Ew.) am Nordufer des Rio Grande ist die wichtigste Grenzstadt zu Mexiko und damit ein guter Ausgangspunkt für Touren durch das heiße Westtexas und in das benachbarte *Ciudad Juarez* in Mexiko mit vielen Restaurants und Bars. El Paso selbst ist eine wirtschaftskräftige Stadt durch Baumwollverarbeitung und Billiglohnfabriken, die vor allem mexikanische Arbeiter beschäftigen. Sehenswert sind die *Missionen* aus der spanischen Zeit um 1680.

ZIEL IN DER UMGEBUNG

BIG BEND NAT. PARK [136 A4]

Einsam ist es hier und heiß. Der 3242 km² große Park sechs Fahrstunden südöstlich von El Paso liegt in den dramatisch aufragenden, bis 2500 m hohen *Chisos Mountains.* Gut 60 Kakteenarten wachsen hier, Berglöwen und Kojoten durchstreifen die felsigen Täler. Das schönste Wildnisabenteuer bietet aber eine Insider Tipp Schlauchboottour auf dem Rio Grande, der entlang der mexikanischen Grenze durch drei gewaltige, bis 300 m tiefe Canyons strömt. Raftingsaison: Herbst bis Frühjahr, Buchung bei *Far Flung Outdoor Center (P. O. Box 377 | Terlingua | Tel. 800/839-72 38 | www.farflungoutdoorcenter.com).*

HOUSTON

[137 E–F 3–4] Die größte Stadt des „Lone Star State" Texas (5,6 Mio. Ew.) und viertgrößte Stadt Amerikas liegt in der weiten Küstenebene am Golf von Mexiko und ist eine typische Boomtown. Seit der Wende zum 20. Jh. haben immer neue Ölvorkommen sprunghaftes Wachstum ausgelöst. Von den Anfängen der kurzen, aber wechselvollen Geschichte zeugen heute im Schatten der hypermodernen Wolkenkratzer nur noch ein paar *Pionierhäuser* im Sam Houston Park und das *San Jacinto Monument,* ein 50-stöckiger Obelisk mit einem Museum über die entscheidende Schlacht des texanischen Unabhängigkeitskriegs. Houston ist Sitz der *Nasa,* des *Texas Medical Center,* eines führenden Krebsforschungsinstituts, des *Astrodome* und der *Houston Symphony.*

SEHENSWERTES

GEORGE RANCH

Rinder und Öl: die Geschichte dieser authentischen Ranch im Südwesten der Stadt ist die Geschichte von Texas. *Di–Sa 9–17 Uhr | Eintritt frei | US 59 South/Grand Parkway | Richmond | www.georgeranch.org*

MENIL COLLECTION

Renzo Piano schuf den Museumsbau, drinnen wartet exquisite europäische Kunst: byzantinische und mittelalterliche Gemälde ebenso wie Kunstwerke der Surrealisten. *1515 Sul Ross | Mi–So 11–19 Uhr | Eintritt frei | www.menil.org/home.html*

ROTHKO CHAPEL

Insider Tipp

Die moderne, achteckige Kapelle ist eines der Schmuckstücke der Stadt,

> PIT-BARBECUE

Die texanische Kunst des Grillens

Barbecue (abgekürzt BBQ) ist die einzige Kochform, die wirklich aus Amerika stammt. Und es ist die samstägliche Lieblingsbeschäftigung vieler Familien. Doch ein privates Grillfest ist längst noch kein Barbecue – und schon gar kein *Texas Pit-BBQ.* Dazu braucht man einen speziellen Ziegelofen, den *pit,* die richtige Gewürzmischung und Eichen- oder Mesquiteholz. Das Fleisch wird langsam über Holzkohlen gegart. Das Geheimnis liegt in der Marinade und im charakteristischen Rauchgeschmack. Vor allem in der Region um Austin gibt es viele alteingesessene *Pit-BBQs* – ein echt texanischer Genuss.

entworfen von Stararchitekt Philip Johnson und ausgestattet mit Gemälden des Expressionisten Mark Rothko. *1409 Sul Ross | tgl. 10–18 Uhr | Eintritt frei | www.rothkochapel.org*

ESSEN & TRINKEN

BRENNER'S STEAKHOUSE

Super-Steaks in einem nostalgisch gestylten Blockhaus – ein echter Klassiker. *10911 Katy Freeway | Tel. 713/465-29 01 |* €€€

MARIA SELMA

Buntes mexikanisches Lokal mit Terrasse. *1617 Richmond Ave. | Tel. 713/528-4920 |* €€

ÜBERNACHTEN

CANDLEWOOD SUITES

Modernes Suitemotel nahe dem Nasazentrum. *122 Zi. | 2737 Bay Area Blvd. | Tel. 281/461-30 60 | www.candlewoodsuites.com |* €

HOTEL ZAZA

Elegantes Hotel in einem historischen Haus des Museumsviertels. *5701 Main St. | Tel. 713/526-19 91 | www.hotelzaza.com |* €€€

AUSKUNFT

GREATER HOUSTON CONVENTION & VISITORS BUREAU

901 Bagby, Houston, TX 77002 | Tel. 713/437-52 00 | www.visithoustontexas.com

ZIELE IN DER UMGEBUNG

GALVESTON [137 F4]

Der alte Hafenort (57 000 Ew.) auf einer Insel im Golf von Mexiko ist das beliebteste Badeziel der Städter aus dem eine Fahrtstunde entfernten Houston. Die Stadt wurde 2008 von Hurrikan Ike schwer verwüstet, sodass es noch einige Jahre dauern wird, bis die viktorianischen Häuser wie *Bishop's Palace (1402 Broadway)* von 1893 in alter Pracht erstrahlen. Doch die 50 km Strände sind so weit und sonnig wie immer.

Boomtown Houston: Kunst und spiegelnde Fassaden

SOUTH PADRE ISLAND [137 D6]
170 km weiße Sandstrände, kleine Fischerhäfen und Naturparks besitzt die lang gestreckte Insel im äußersten Süden von Texas. Das *Aransas Nat. Wildlife Refuge* ist die Winterheimat der fast ausgestorbenen Schreikraniche und 300 weiterer Vogelarten.

SPACE CENTER HOUSTON ★ [137 F4]
Von hier aus wurde der Mond erobert, und von hier aus werden heute die Space Shuttles gesteuert. Durch film über das Astronautentraining. *Mo–Fr 10–17, Sa/So 10–18 Uhr | Eintritt 19 $ | 40 km südlich an der I-45 | www.spacecenter.org*

KANSAS CITY

[131 F2] **Umgeben von endlosen Feldern und Weiden liegt die gut geplante Stadt (2 Mio. Ew.) am Ufer des Missouri River und ist unbestritten das wichtigste Landwirtschaftszentrum Amerikas.** Hier wird das Korn der Prärien gemahlen, hier werden die Rinder verkauft. Aber das

Space Center Houston: wissenschaftliche Weltraumforschung vereint mit großer Show

sein Besucherzentrum ist das 16 km² große Nasahauptquartier garantiert besser als jeder Vergnügungspark. Große Ausstellung von Raumfahrtkapseln, darunter die Saturn-5-Rakete, hervorragender Omnimax-

dürfen Sie in Kansas City niemandem vorhalten. Die Stadt gibt sich kosmopolitisch: Schon vor 70 Jahren hat man Statuen aus Europa eingeführt, um die Boulevards zu schmücken. Kansas City leistet sich ein spannendes Kunstmuseum, hier stehen das älteste Shoppingcenter Amerikas, die maurisch gestylte *Country Club Plaza,* und auch eines der modernsten, das fast 400 Mio. Dollar teure *Crown Center.*

SEHENSWERTES

NELSON-ATKINS MUSEUM OF ART

Hervorragende Sammlung asiatischer Kunst sowie moderner Skulpturen. Sehenswert: das abends beleuchtete, neue *Bloch Building* umrahmt von einem Skulpturengarten. *Di/Mi 10–16, Do/Fr 10–21, Sa 10 bis 17, So 12–17 Uhr | Eintritt frei | 4525 Oak St.* | *www.nelson-atkins.org*

ESSEN & TRINKEN

ARTHUR BRYANT'S

Insider Tipp

Es liegt zwar in schäbiger Nachbarschaft, bietet aber angeblich das beste Barbecue in Amerika – mit gigantischen Portionen. *1727 Brooklyn Ave.* | *Tel. 816/231-11 23* | €

THE GOLDEN OX

Steak, Steak und noch mal Steak. Nebenan finden die Viehauktionen statt. *1600 Genessee Ave.* | *Tel. 816/842-28 66* | €€€

ÜBERNACHTEN

BEST WESTERN SEVILLE PLAZA

Gutes Motel nahe der Country Club Plaza. *77 Zi.* | *4309 Main St.* | *Tel. 816/561-96 00* | *www.bestwestern.com* | €–€€

AM ABEND

Wo Count Basie und Charlie Parker ihre Karrieren begannen, gibt es auch heute noch guten Jazz und Blues zu hören, etwa im *Grand Emporium (3832 Main St.).* Aktuelle Infos zu Clubs und Bands: *Jazz Hotline 816/753-52 77.* Für Musikfans ein Muss: das *American Jazz Museum,* abends mit traditionellen Jamsessions im *Blue Room* *(www.americanjazzmuseum.com).*

Insider Tipp

AUSKUNFT

KANSAS CITY VISITORS BUREAU

Country Club Plaza, 4709 Central Ave., Kansas City, MO 64105 | *Tel. 816/221-52 42* | *www.visitkc.com*

ZIELE IN DER UMGEBUNG

BRANSON [0]

Insider Tipp

300 km südöstlich von Kansas City und 50 km südlich von Springfield in den Ausläufern der Ozark Mountains liegt Branson, ein Zentrum der Country- und Westernmusikszene. Ganzjährig finden hier Konzerte statt – in über 30 Musikhallen entlang der SR 76, des *76 Country Boulevard.*

DODGE CITY [130 C3]

Das Städtchen (25 000 Ew.) in der weiten Prärie 400 km westlich von Kansas City war 1872–90 einer der wildesten Orte im Wilden Westen. Die Wochen dauernden Viehtriebe zur Bahnstation in Dodge City und die Schießereien zwischen gesetzlosen Revolverhelden und Marshalls wie Wyatt Earp wurden folglich auch in zahlreichen Filmen verewigt. An der *Historic Front Street* lebt die Westernatmosphäre fort: mit Stuntschießereien, Postkutschenfahrten und Melodramen. Sehenswert zur wilden Geschichte der Stadt: das *Boot Hill Museum* auf dem alten Friedhof und der *Long Branch Saloon.*

OKLAHOMA CITY

[131 D5] **Die Hauptstadt Oklahomas (1,2 Mio. Ew.) entstand am 22. April 1889: Damals wurde das Indianerterritorium zur Besiedlung freigegeben, und binnen Stunden hatten 10 000 Siedler hier ihre Zelte aufgeschlagen.** 1928 stellte sich heraus, dass die durch die Rinderzucht aufblühende Stadt buchstäblich auf einem See aus Öl stand – und noch heute arbeiten über 1000 Ölpumpen im Stadtgebiet. Zu den Sehenswürdigkeiten zählen das *National Cowboy Museum* mit herausragender Westernkunst, das *Museum of Art* mit großartigen, überdimensionalen Glasskulpturen von Dale Chihuly und die *Myriad Gardens.* Auskunft: *Oklahoma Tourism Information Center | Capitol Building, NE 23rd/ Lincoln Blvd., Oklahoma City | Tel. 800/652-65 52 | www.travelok.com*

ZIEL IN DER UMGEBUNG

INDIANERLAND [131 E–F5]

Bis heute leben zahlreiche Indianerstämme in Oklahoma. In *Tahlequah,* rund 200 km östlich von Oklahoma City, zeigt das *Cherokee Heritage Center* (Insider Tipp) die alte Lebensweise des Stamms. Nördlich von Oklahoma City leben Pawnee- und Poncastämme, südwestlich Komantschen, Kiowa und Apachen.

SAN ANTONIO

[136–137 C–D4] **Die schönste und beliebteste Stadt in Texas, eine Metropole (1,8 Mio. Ew.) mit Flair, viel spanisch-mexikanischer Kultur, farbenfrohen Märkten, moderner Architektur und einer liebevoll restaurierten Altstadt.** Die Spanier bauten um 1720 die ersten Missionen, die Deutschen im 19. Jh. den *King William District* und die Amerikaner zur Weltausstellung 1968 die *Hemisfair Plaza,* ein Museums- und Kulturzentrum. Die Flaniermeile ist der von Läden und Restaurants gesäumte ★ *Riverwalk* am Ufer des San Antonio River, auf dem Gondeln und Restaurantboote schwimmen.

SEHENSWERTES

THE ALAMO

Die Missionskirche von 1744 war 1836 Schauplatz einer berühmten Schlacht im texanischen Unabhängigkeitskrieg und gilt als Nationalheiligtum. Ausstellungen zur Geschichte des Staates. *Tgl. 9–17.30, So 10 bis 17.30 Uhr | Eintritt frei | Alamo Plaza*

MCNAY ART MUSEUM

Meisterwerke der letzten 200 Jahre: Henri Cézanne, Paul Gauguin und Edward Hopper. *Di–Fr 10–16, Do 10 bis 21, Sa 10–17, So 12–17 Uhr | Eintritt frei | 6000 N New Braunfels Ave.*

MISSIONEN

Südlich der Innenstadt liegen entlang des *Mission Trail* vier weitere spanische Missionen aus dem 17. Jh., jede zum Schutz gegen die Indianer ausgebaut wie eine befestigte Stadt. Die schönste ist die *San Jose Mission. Tgl. 9–17 Uhr | Eintritt frei*

WITTE MUSEUM

Das beste Museum zur Naturgeschichte von Texas und zu prähistorischen Indianerkulturen. Nebenan steht ein kleineres Museum über die legendären Texas Rangers. *Mo–Sa 10–17, Do bis 20, So 12–17 Uhr | Eintritt 7 $ | 3801 Broadway*

ESSEN & TRINKEN

BOUDRO'S

Am Riverwalk. Diniert wird auf flachen Booten, die auf dem Rio in der Altstadt treiben. *421 E Commerce St. | Tel. 210/224-84 84* | €€

LA MARGARITA

Beliebtes mexikanisches Lokal im mexikanischen Markt. Probieren Sie hier auf jeden Fall die Fajitas! *120 Produce Row | Tel. 210/227-71 40* | €

ÜBERNACHTEN

EMILY MORGAN

Mitten im Zentrum. Von den Suiten schöner Ausblick auf den Alamo Square. *177 Zi. | 705 E Houston St. | Tel. 210/225-51 00 | www.emilymorganhotel.com* | €€–€€€

AUSKUNFT

SAN ANTONIO VISITORS BUREAU

203 S St. Mary's St., San Antonio, Texas 78205 | Tel. 210/207-67 00 | www.visitsanantonio.com; Visitor Center an der Alamo Plaza

Eine Bootsfahrt entlang des Riverwalk von San Antonio führt mitten durch die Stadt

ZIEL IN DER UMGEBUNG

NEW BRAUNFELS [137 D3–4]

In den Hügeln 50 km nördlich von San Antonio siedelten im 19. Jh. vor allem deutsche Auswanderer. Orte wie New Braunfels mit deutschen Namen, Biergärten und Fachwerk belegen dies. Und alljährlich im November wird in New Braunfels ein Wurstfest gefeiert.

> QUER DURCH DEN WILDEN WESTEN

Steilküsten, Canyons und Geysire

Die Touren sind auf dem hinteren Umschlag und im Reiseatlas grün markiert

1 HIGHWAY 1: DIE TRAUMSTRASSE AMERIKAS

Als schönste Panoramaroute der USA wird der Küstenhighway zwischen San Francisco und Los Angeles gern bezeichnet – und er macht seinem Namen alle Ehre. Vorüber an uralten Redwoodwäldern, bunten Strandorten und altspanischen Missionen schlängelt er sich an den Steilklippen des Pazifik entlang. 800 km kalifornische Traumkulissen, für die Sie sich 3 bis 4 Tage Zeit lassen sollten. Beste Reisezeiten: April bis Juni und September/Oktober, denn im Hochsommer liegt die Küste häufig im Nebel.

Ein paar Tage in **San Francisco** *(S. 39)* sind die richtige Einstimmung auf die Küstenroute, dann geht's los: Zuerst auf dem Highway 101 südwärts in das **Silicon Valley**, das legendäre Hightechzentrum Kaliforniens. In **San Jose** können Sie im supermodernen **Tech Museum** *(201 S Market St.*

Bild: Highway 1 bei Big Sur

AUSFLÜGE & TOUREN

| *tgl. 10–17 Uhr | Eintritt 8 $)* alles über Chips und Computer erfahren. Von dort klettert die SR 9/236 über das Örtchen **Calistoga** hinauf in die **Coast Mountains**, wo im **Big Basin State Park** und im *Henry Cowell State Park* bis zu 100 m hohe und über 2000 Jahre alte Redwoodbäume erhalten blieben, zwischen denen Lehrpfade hindurchführen.

sider ipp

Nächster Stopp: **Santa Cruz**, ein typisch kalifornisches Strandstädtchen mit vielen Studenten und Surfern, schönen Villen auf den Klippen und einem alten Leuchtturm (kleines Surfermuseum). Bei der Weiterfahrt auf dem Highway 1 säumen Artischockenfarmen und Dünen voller Mittagsblumen den Weg zur **Monterey Peninsula** *(S. 36)*. Unbedingt sehenswert: das **Monterey Bay Aquarium** und das umbrandete Kap der **Point Lobos State Reserve** mit kleinen Buchten, in denen häufig Seeotter zu beobachten sind.

Nun folgt das schönste Stück des **Pacific Coast Highway** *(S. 37)*: Hoch über dem Meer kurvt er bei **Big Sur** an den Hängen der steil ins Meer fallenden **Santa Lucia Range** südwärts. Ein Tipp zur Kaffeepause mit grandiosem Blick über die Küste: das Restaurant **Nepenthe**, rechter Hand direkt am Steilabbruch. Danach immer neue Kurven, immer neue Aussichtspunkte entlang der kaum erschlossenen Küste. Erst bei **San Simeon**, wo im Hinterland das Schloss des Zeitungs-

(hübsche Altstadt mit Missionskirche) herrscht Ferientrubel. In **Pismo Beach** darf man sogar mit dem Auto in die Sanddünen fahren. Auf der US 101 geht es weiter nach Süden: Vorüber am Touristenstädtchen **Solvang**, dem „dänischen Dorf Kaliforniens", und weiter zu den langen Surferstränden **Refugio** und **El Capitan**. Dort, am Fuß der **Santa Ynez Mountains**, liegt einer der schönsten Küstenorte des Golden State: **Santa Barbara** *(S. 36)* mit spanisch-mediterraner Architektur und

Viel Platz für alle Strandvergnügen bieten 50 km lange Sandstrände bei Santa Barbara

zaren Hearst liegt, wird das Ufer wieder flacher. Gute Gelegenheit zum Bummel an einer der Strandbuchten, in der oft auch Kolonien der riesigen Seeelefanten zu beobachten sind.

Insider Tipp

Ein hoher Vulkanfelsen markiert bei **Morro Bay** das Ende des einsamen Küstenabschnitts. Dort und an den Stränden südlich von **San Luis Obispo**

kalifornisch-legerem Flair. Nicht verpassen sollten Sie die schön gelegene **Mission Santa Barbara** *(Laguna/Los Olivos St. | tgl. 9–17 Uhr | Eintritt 4 $)*.

Die restliche Strecke bis **Los Angeles** *(S. 33)* ist in drei Stunden zu schaffen: schnell über die Autobahn 101 oder aussichtsreich entlang der Küste über **Oxnard** und **Malibu** auf dem Highway 1.

2 DER SÜDWESTEN: CANYONS IM INDIANERLAND

Eine Reise durch die Wildwestszenerien des amerikanischen Südwestens. Und die ganze grandiose Vielfalt des steinernen Schluchtenlands steht auf dem Programm: Grand Canyon und Monument Valley, Indianerreservate und uralte Ruinenstädte. Startpunkt für die zweiwöchige Rundfahrt ist Las Vegas. Sie können aber auch gut in Phoenix oder Los Angeles beginnen. Beste Zeit für die 2800 km lange Tour: Mai bis Oktober.

Nach durchspielter Nacht ist der Aufbruch von **Las Vegas** *(S. 60)* vielleicht nicht einfach, doch die klare Wüstenluft und der erste Blick auf die roten Felswände des **Valley of Fire** etwas nördlich an der I-15 werden den Kopf bald freimachen. Wenig später folgt die Grenze zu Utah, das sich in **St. George** gleich mit einem großen Tempel (Visitor Center) als Mormonenstaat vorstellt. Von dort schlängelt sich die SR 9 weiter zum **Zion Nat. Park** *(S. 67)*. Zeit für einen ersten Pausentag mit Wanderungen. Durch die wild zerklüfteten Felsen auf dem grünen **Markagunt Plateau** geht es dann ostwärts zur US 89 und weiter zu einem der ganz großen Highlights: dem **Bryce Canyon Nat. Park** *(S. 57)* mit seinen filigranen Steinskulpturen.

Der nächste Routenabschnitt auf der ★ SR 12 zählt unbestritten zu den schönsten Panoramarouten des Südwestens: zerklüftete Tafelberge, immer neue Canyons und Wüstentäler, wohin das Auge schaut. Auf fast 3000 m Höhe klettert der Highway über den Boulder Mountain und führt dann hinab in den **Capitol Reef Nat. Park**, der 1000 km^2 umfasst. An dem von dramatischen Sandsteinklippen überschatteten **Scenic Drive** beginnen zahlreiche Pfade für Tageswanderungen.

Nördlich von **Hanksville** dürfen Sie am Hwy. 24 einen Abstecher zu den lustigen Steinzwergen des *Goblin Valley* (Insider Tipp) nicht verpassen, und in **Green River** können Sie sich im **Powell River History Museum** *(1765 E Main St. | im Sommer tgl. 8–20, sonst 8–17 Uhr | Eintritt 3 $)* über die Entdecker auf dem Colorado River informieren. Es folgt ein kurzes Stück Autobahn I-70, bevor die US 191 nach Süden abzweigt: nach **Moab** *(S. 61)*, das von der steinernen Wunderwelt des **Arches** und **Canyonlands Nat. Park** *(S. 62)* umrahmt wird. Am besten beziehen Sie für einige Nächte Quartier und erkunden dann die Umgebung – zu Fuß, per Mountainbike oder auf einer Rafttour.

Die US 191 führt weiter nach **Monticello**, wo sich ein Abstecher zu den berühmten Ruinen von **Mesa Verde** *(S. 58)* in Colorado anbietet. Zurück im Staat Utah, geht es dann über **Mexican Hat** weiter durch die rote Canyonwelt ins filmbekannte **Monument Valley** *(S. 62)* im Navajo-Reservat.

Steinige, öde Wüste bis zum Horizont – die Fahrt auf der US 160/SR 98 verläuft in Arizona durch die einsamsten Regionen des Navajo-Reservats. Doch auch dort wieder Zeugnisse der Vergangenheit: die Ruinen des **Navajo Nat. Monument** (Lehrpfad). Dann bei **Page** ein verblüffender Kontrast: zwischen feuerroten Felsklippen die tiefblauen Fluten des **Lake Powell** *(S. 60)*. Wie wäre es mit einer Bootsfahrt in der Wüste?

Nächster Stopp: der **Grand Canyon** *(S. 59)*, die berühmteste Attraktion des Südwestens. Über das bewaldete Hochplateau am Südrand der Schlucht zielt die US 180 weiter nach Süden auf die Vulkankegel von **Flagstaff** *(S. 58)* zu, wo Sie sich eine Wanderung zu den indianischen Ruinen des **Walnut Canyon** nicht entgehen lassen sollten. Von Flagstaff schlängelt sich die US 89A durch den **Oak Creek Canyon** zum grandios gelegenen Erholungsort **Sedona** und klettert dann hinauf in die Berge zum Westerndorf **Jerome**. Von dort geht es über die Berge wieder nordwärts und auf der I-40 gen Westen.

Der letzte Teil der Reise bietet ein klassisches Stück amerikanische Highwaygeschichte: die legendäre **Route 66**, die von **Seligman** aus durch Wüstentäler und nostalgisch verkommene Orte wie **Peach Springs** nach **Kingman** führt. Von dort fahren Sie in drei Stunden zurück nach **Las Vegas**, dem Ausgangspunkt der Tour.

3 ROCKY MOUNTAINS: WILDE BERGWELT UND GEYSIRE

Der Yellowstone-Park, die Mormonenstadt Salt Lake City und die 4000er-Gipfel Colorados sind die Highlights dieser Tour. Am Weg liegen aber auch weniger bekannte Attraktionen: urige Westernstädte, Dinosaurierfriedhöfe und Indianerreservate. Zeitbedarf für die gut 3500 km lange Strecke: 3 Wochen. Beste Reisezeit: Ende Juni bis September.

Startpunkt der Tour ist **Denver** *(S. 73)*, dessen ausgezeichnete Museen zur Kunst- und Naturgeschichte zumindest einen Besichtigungstag verdienen. Von dort geht es im Vorland der Rockies zunächst nordwärts zur hübschen Universitätsstadt **Boulder** und dann nach **Estes Park**, dem Tor zum **Rocky Mountain Nat. Park** *(S. 76)*. In luftiger Höhe führt die US 34 über die kontinentale Wasserscheide und durch sattgrüne Ranchweiden im Tal von **Grand Lake** zurück nach Süden.

Ein erster Kontakt mit den Goldgräbertagen in Colorado erwartet Sie an der I-70 im Westernstädtchen **Georgetown** mit vielen viktorianischen Häusern aus der Boomzeit ab 1860: das **Hamill House** etwa oder das **Hotel de Paris** von 1875. Vorbei an den Skigebieten von **Breckenridge** führt die Route dann zu der nostalgischen Bergwerksstadt **Leadville** mit zahlreichen historischen Gebäuden und Museen und durch menschenleere Hochgebirgsregionen über den 3687 m hohen **Independence Pass** nach Westen.

Über **Aspen** *(S. 70)*, das mondäne Ferienstädtchen der Hollywoodstars, geht es in das alte Kurbad **Glenwood Springs**, auf dessen Friedhof der legendäre Revolverheld Doc Holliday begraben liegt – er starb hier an Tuberkulose. Weiter am Ufer des Colorado River nach **Grand Junction** *(S. 76)*. Danach wird es wieder einsam: Gut 150 km verläuft der Hwy. 139 nordwärts durch menschenleere Steppe. Eine Kulisse wie geschaffen für die Funde des *Dinosaur Nat. Monument*, Insider Tipp wo Sie Dinosaurierfossilien aus der Zeit vor 140 Mio. Jahren bewundern können. Durch die Schluchten der **Flaming Gorge** führt die Route nach Wyoming zum **Fort Bridger**, einem restaurierten Pelzhändlerposten aus dem Jahr 1842.

Die Autobahn I-80 bringt Sie dann schnell bis **Salt Lake City** *(S. 77)*, neben

Denver die einzige Großstadt dieser Route. Nach einem Besichtigungstag an den historischen Stätten der Mormonen geht es auf der US 89 über die alte Eisenbahnstadt **Ogden** und das beliebte Ferienstädtchen **Jackson** *(S. 76)* weiter zum berühmtesten Highlight der Rockies: dem **Yellowstone Nat. Park** *(S. 79)*. Zwei volle Tage zum Wandern und Staunen sollten Sie für dieses Wunderland der Geysire auf jeden Fall einplanen.

Durch das idyllische **Wapiti Valley** fahren Sie danach ostwärts zum Westernort **Cody** *(S. 71)* und über die Bighorn Mountains nach **Sheridan** *(S. 78)*. Vorüber am legendären **Little Bighorn Battlefield** *(S. 78)* führt die Route weiter ostwärts durch das Reservat der Northern Cheyenne. Sehenswert: die **St. Labre Indian School** mit einer modernen Missionskirche.

Durch die einsamen Weiten Ostmontanas geht es weiter, bis nach einem halben Fahrtag kurz hinter der Grenze zu Wyoming der geheimnisvoll wirkende Vulkanstumpf des **Devil's Tower Nat. Monument** in den Himmel ragt. Noch ein kurzes Stück Autobahn I-90, dann sind die **Black Hills** *(S. 83)* in South Dakota erreicht. Nach einem Abstecher hinaus in die Prärie zum **Badlands Nat. Park** *(S. 85)* nehmen Sie den **Black Hills Parkway** (US 385) gen Süden zum berühmten **Mount Rushmore** *(S. 84)*. Über den zum Museumsdorf restaurierten Kavallerieposten **Fort Laramie** und **Cheyenne** *(S. 71)*, die Hauptstadt von Wyoming, endet die Rundfahrt wieder in **Denver**.

Wie einst im Wilden Westen: Cowboy im ehemaligen Kavallerieposten Fort Laramie

EIN TAG IN SEATTLE

Action pur und einmalige Erlebnisse.
Gehen Sie auf Tour mit unserem Szene-Scout

GOOD MORNING

9:00

Schleckermäuler werden im *Eggs Cetera's Blue Star Cafe* ganz schnell wach. Hier schlemmt man z. B. Rührei mit Schinken und Sauce hollandaise. Wer's lieber süß mag, bestellt sich Pancakes oder Muffins. Typischer kann der Tag nicht beginnen. **WO?** *4512 Stone Way N | Tel. 206/548-03 45*

10:00

SEATTLE FLAVOR

Mit einem Guide geht es nun über den *Pike Place Market*. Die Führung ist nicht nur ein Erlebnis für die Sinne, sondern gewährt auch einen Blick hinter die Kulissen. Spannend, was man dabei alles über Speisen und Getränke der Region erfährt. Dazu gibt's Insidertipps, Kochideen und natürlich Kostproben. **WO?** *Eingang zum Pike Place Market, 1st Ave., Ecke Pike St. | Reservierung Tel. 888/987-28 67 | Kosten: 39 $ | www.savorseattletours.com*

URBANE KAJAKTOUR

12:30

Das Kajak wartet schon! Auf dem Lake Union Paddel fest in die Hand nehmen und losdüsen. Das ist nicht nur eine sportliche Herausforderung, sondern man kann dabei die Stadt aus einer ungewöhnlichen Perspektive erkunden. **WO?** *Northwest Outdoor Center, 2100 Westlake Ave. N Ste 1 | Tel. 206/281-96 94 | Kosten: 13 $/Std. | www.nwoc.com*

13:45

MEXICAN LUNCH

Hunger? Dann ab ins *Agua Verde Cafe*. Mit Blick aufs Wasser speist man hier köstliche Bio-Tacos. Unbedingt die Tacos de la Casa bestellen, z.B. mit scharf gegrilltem Catfish oder Steak. **WO?** *1303 NE Boat St. | Tel. 206/545-85 70 | www.aguaverde.com*

24 h

WIE EIN VOGEL

15:00

Der Traum vom Fliegen wird wahr: Ins Wasserflugzeug einsteigen, Steuerknüppel in die Hand nehmen und los! Keine Sorge, der Fluglehrer zeigt wie's geht. Ein herrliches Gefühl mit dem *Piper Super Cub Seaplane* über der Stadt zu schweben – die tolle Aussicht gibt's inklusive! **WO?** *Kenmore Air Harbor, 6321 NE 175th St., Kenmore, WA | Kosten: 99 $/30 Min. | Tel. 866/435-95 24 | ww.kenmoreair.com*

16:30

ERHOLUNG PUR

Wieder festen Boden unter den Füßen, ist nun Relaxen angesagt. Im schicken *Julep Nail Parlor* gönnt man sich eine erfrischende Massage. Schon nach kurzer Zeit werden alle Muskeln locker, und man fühlt sich wie neu geboren. **WO?** *Julep Nail Parlor, 1427 5th Ave. | Tel. 206/985-00 88 | www.myjulep.com*

IT'S SHOWTIME

20:30

Heute abend lieber Zirkus, Comedy oder Cabaret? Warum wählen, wenn man alles haben kann? Im *Teatro ZinZanni* steht eine coole Mischung auf dem Programm. Dazu wird ein Fünf-Gänge-Gourmetmenü serviert – zusammengestellt von Celeb-Koch Tom Douglas. Die perfekte Kombination für den perfekten Abend. **WO?** *222 Mercer St. | Reservierung Tel. 206/802-00 15 | Mi–Sa 18.30, So 17.30 Uhr, Mo und Di spielfrei | Kosten: 104–120 $ | http://dreams.zinzanni.org*

24:00

ABFEIERN IM LOFT

Genug gesessen – jetzt wird gefeiert, denn die Nacht ist noch jung. Im Loft-Ambiente des *Last Supper Clubs* geht es rund. Auf drei Ebenen macht Seattles Szene die Nacht zum Tag. **WO?** *124 S Washington St. | Tel. 206/748-99 75 | www.lastsupperclub.com*

> WILDWASSERTOUREN UND COWBOYLEBEN

Ob Reiten, Golfen oder Surfen – Amerikas Westen ist ideal für den Aktivurlaub, großartige Landschaften inklusive

> Es ist sicher kein Zufall, dass die meisten Trendsportarten der letzten Jahrzehnte aus dem Westen Amerikas kommen. Sei es Rollerblading oder Rafting, Snowboarding oder Basejumping, die sport- und fitnessverrückten Kids der Westcoast sind dabei. Aber auch für traditionelle Aktivitäten bietet der Westen beste Bedingungen, für Golfen etwa oder Wandern, hier natürlich Hiking genannt. Jedes größere Hotel hat einen eigenen Fitnessclub, Tennisplätze und oft sogar einen Golfplatz. *Rental shops* nahe den Nationalparks und in kleineren Städten vermieten Bikes und anderes Sportgerät. Organisierte Tagestouren sind meist kurzfristig vor Ort zu buchen. Mehrtägige Touren reservieren Sie besser vorab.

BASEJUMPING

Für Adrenalinjunkies: mit dem Fallschirm oder Paraglider statt aus dem

Bild: Reiter im Bryce Canyon

SPORT & AKTIVITÄTEN

Flugzeug von einer hohen Brücke oder einer Klippe springen. Basejumping heißt das. *Base* steht für die vier häufigsten Sprungorte: *building* (Wolkenkratzer), *antenna* (hohe Masten), *span* (Brücke) und *earth* (Klippen, Steilwände). Oft sind die Jumps allerdings illegal wie etwa am (sehr beliebten) El-Capitan-Monolithen im Yosemite Nat. Park. Doch von vielen Brücken, etwa in den Rockies, ist ein Sprung durchaus legal. Infos: *www.basejumper.com*, *www.blincmagazine.com*

GOLFEN

Golfen ist Volkssport in Amerika, jedes Dorf hat einen eigenen Platz. Kalifornien und Arizona sind die bekanntesten Golfreviere, hier kann man auch im Winter wunderbar zwischen Palmen und Kakteen abschlagen. Die Greenfees liegen auf berühmten Plätzen wie Pebble Beach bei mehr als 300 Dollar, meist spielt man aber für 50–100 Dollar pro Runde. Infos: *www.golfguideweb.com, www.golf.com*

HIKING & TREKKING

Die besten Trails finden Sie in den National und State Parks sowie in den National Forests, denn hier werden die Wege von den Rangers gepflegt. Für Tagestouren besonders geeignet sind Yosemite, Bryce Canyon, Olympic, Glacier und der Rocky Mountain Nat. Park. Schön zur Kakteenblüte im Frühjahr sind auch Joshua Tree und Big Bend Nat. Parks sowie Organ Pipe Cactus oder Chiricahua Nat. Monument – im Sommer ist es dort allerdings viel zu heiß zum Wandern. Für längere Trekkingtouren können Sie in den Rockies Packpferde oder Lamas mieten, die dann Zelt und Ausrüstung tragen. Auskunft über Outfitters bei den Verkehrsämtern.

Insider Tipp

MOUNTAINBIKING

Trails der Feuerwehren in den National Forests, alte Miningroads und halb vergessene Passstraßen zu Geisterstädten hoch in den Bergen – die Möglichkeiten zum Mountainbiking sind schier grenzenlos. Besonders schöne Bikerreviere sind: Mount Tamalpais bei San Francisco, wo einst das Mountainbiking erfunden wurde, die Canyonregion um Moab mit dem legendären Slickrock Trail und das fast 3000 m hoch gelegene Westernstädtchen Crested Butte in Colorado. Bikeshops zum Mieten von Rädern finden Sie in jedem Ferienort. Weitere Infos unter *www.mbaa.net, www.dirtworld.com*

Bikevermietung für Touren ins Felsenland um Sedona bei *Sedona Bike & Bean (6020 Hwy. 179, Sedona/Oak Creek, AZ | Tel. 928/284-02 10 | www.bike-bean.com)*. Ein- und mehrtägige Biketouren im Schluchtenlabyrinth um Moab, aber auch im Death Valley und anderen Regionen organisiert *Escape Adventures, (391 S Main, St. Moab, UT | Tel. 800/596-29 53 | www.escapeadventures.com)*.

RAFTING

Was für die Pioniere früher oft lebensgefährlich war, ist heute ein spritziges Vergnügen – eine buckelnde Fahrt im Schlauchboot auf einem ungezähmten Fluss. Die besten Raftingflüsse neben dem Colorado im Grand Canyon sind der Snake River (Idaho), der American River (Kalifornien), der Arkansas River (Colorado) und Yampa/Green Rivers (Utah). Eine breite Auswahl von Raftingtrips findet sich auf der Webseite *www.raftingamerica.com*, in der sich rund 20 Raft-Firmen zusammengeschlossen haben. Ebenfalls gut: River: *Hatch River Expeditions, P.O. Box 1200, Vernal, UT | Tel. 435/789-43 16 | www.hatchriver.com*. Rafttouren auf dem Arkansas River: *Dvorak's Expeditions, Nathrop, CO | Tel. 719/539-68 51 | www.dvorakexpeditions.com*

REITEN

Trotz Highways und Autos – Pferde gibt es im Westen noch überall. Auf einfachen *Trail Rides* kann man auch ohne Vorkenntnisse für ein paar Stunden das Cowboyleben im Sattel erleben. Noch schöner ist natürlich ein Aufenthalt auf einer Guest Ranch mit Rinderauftrieb und Lagerfeuerromantik. Auf mehrtägigen Packtrips können Sie in die Bergwelt im Hinterland vordringen (150–250 $/Tag). Infos: *www.duderanch.org, www.duderanches.com*

SURFEN

Keine andere Sportart verkörpert das Lebensgefühl des Westens wie der Ritt auf den Wellen. Die schönsten Surfstrände liegen im Süden Kaliforniens: Topanga State Beach, Huntington Beach, Las Tunas State Beach und Surfrider Beach. Bretter kann man sich dort in den Surfshops ausleihen. Das heißeste Ziel für Windsurfer: die Columbia Gorge in Oregon. Eine etablierte Schule ist die *Kahuna Bob's Surf School, Leucadia | Tel. 760/ 721-77 00 | www.kahunabob.com*

WINTERSPORT

Jeder, der einmal den legendären Pulverschnee der Rockies getestet hat, ist begeistert. Die bekanntesten Skiresorts sind Aspen und Vail in Colorado sowie die Olympiastadt von 2002, Park City in Utah. Daneben gibt es zahlreiche weitere, nicht weniger anspruchsvolle Pistenreviere: Amerikas ältesten Skiort etwa, Sun Valley (Idaho), renommierte Wintersportziele wie Jackson Hole (Wyoming), Steamboat und Telluride (Colorado) oder Lake Tahoe und Mammoth (Kalifornien). Infos: *www.skiutah.com, www.coloradoski.com, www.californiasnow.com*. Ein Tipp für Naturliebhaber: Im Yellowstone Nat. Park kann man am Old Faithful Geysir in einer Winterlodge übernachten und Langlauftouren unternehmen. Insider Tipp

Im Schlauchboot den Fluss bezwingen: Rafting, ein spritzig-nasser Sport

BEI COWBOYS UND INDIANERN

Wildwestforts, Themenparks und Achterbahnen – Amerikas Westen wird die Kids begeistern

> Tolle Vergnügungsparks, spritzige Raftingtouren, spannende Experimente sowie indianische Powwows, Rodeos und Paraden – Kinder werden vom Westen der USA begeistert sein. Die Amerikaner sind kinderfreundlich und reisen selbst viel mit der Familie. Entsprechend sind Kinderteller, Babysitter, Kinderautositze etc. vor Ort meist selbstverständlich.

BEAR COUNTRY USA [124 A4]

Ein Wildpark der besonderen Art: Man fährt mit dem eigenen Auto/Wohnmobil durch große Gehege mit Dutzenden von Bären plus einigen anderen Tierarten. *Im Sommer 8–19 Uhr | Eintritt 15 $, Kinder 8 $ | Hwy. 16 südl. von Rapid City, SD | www.bearcountryusa.com*

BUCKSKIN JOE FRONTIER TOWN [129 E5]

Wildwestfilmkulisse mit Schießereien und Shows. Dazu eine Schmalspurbahn in die Schlucht des Arkansas River. *Im Sommer 9.30–18 Uhr | Eintritt 18 $, Kinder 16 $ | Canon City, CO | www.buckskinjoe.com*

CENTER FOR WOODEN BOATS [120 B2] Insi Tip

Ein Museum der anderen Art: Holzboote aus vielen Kulturen werden (mit Anleitung) für Ausflüge auf dem Lake Union vermietet. *Im Sommer tgl. 12.20 Uhr | ab 15 $/Std. | 1010 Valley St., Seattle | Tel. 206/382-26 28 | www.cwb.org*

EXPLORATORIUM [126 B5]

Eines der besten Hands-on-Museen: Kinder dürfen alles anfassen, erleben eine Windhose und ein Erdbeben. Großartig! *Di–So 10–18 Uhr | Eintritt 14 $, Kinder 9 $, ab 9 Jahren 12 $ | 3601 Lyon St., San Francisco | www.exploratorium.edu*

KNOTT'S BERRY FARM [132 C5]

Wildweststadt, Mexico-Dorf, Wildwasserfahrt und wirklich atemraubende Achterbahnen wie Pony Express und Montezooma's Revenge. Schön für kleinere Kinder: *Camp Snoopy. Eigener Wasserpark nebenan. Im Sommer tgl. 10–22 Uhr | Eintritt 50 $, Kinder 20 $ | 8039 Beach Blvd., Buena Park, CA | www.knotts.com*

> MIT KINDERN UNTERWEGS

MAMMOTH SITE [124 A5]
Ein tolles Erlebnis für junge Paläontologen: Direkt neben der echten Ausgrabungsstätte von Mammutknochen dürfen die Kids unter Anleitung selber graben. *Im Sommer tgl. 8–20 Uhr | Eintritt 7,50 $, Kinder 5,50 $ | Hot Springs, SD | Reservierung unter Tel. 605/745-6017 | www.mammothsite.com*

SALT RIVER RECREATION [134 A3]
Ein kühles und feuchtes Vergnügen in der Wüstenhitze: Auf alten Autoschläuchen treibt man auf dem Salt River stromabwärts. *Tgl. 9–19 Uhr | 14 $ pro Person | Bush Hwy./Usery Pass Rd., Phoenix/Mesa, AZ | ab 8 Jahren | www.saltrivertubing.com*

SILVERWOOD [121 E2]
Eine alte Miningtown als Vergnügungspark: Achterbahnen, Dampfloks und Countrymusik. *Im Sommer tgl. 11 bis 19 Uhr | Eintritt 37 $, Kinder 20 $ | Hwy. 95, Athol, ID | www.silverwoodthemepark.com*

SIX FLAGS OVER TEXAS [137 D1]
Ein 0,8 km^2 großer Vergnügungspark nahe Dallas mit bis 130 km/h schnellen Achterbahnen und Wildwestdorf. *Im Sommer meist 10.30–22 Uhr | Eintritt 47 $, Kinder 30 $ | Arlington | www.sixflags.com*

STRATOSPHERE TOWER [133 E3]
Für ältere Kids die ultimative Mutprobe im Herzen von Las Vegas: *Big Shot*, *X-Scream* und *Insanity*, drei spektakuläre Rides auf der Spitze eines 350 m hohen Hotelturms. *Tgl. 10–1 Uhr nachts | Eintritt 14 $, Kinder 10 $, Fahrten je 12–13 $ | 2000 Las Vegas Blvd. S, Las Vegas, NV | www.stratospherehotel.com/thrills/*

THANKSGIVING POINT [128 B3] Insider Tipp
Das *Museum of Ancient Life* birgt Dinosaurier und Mammute, dazu ein Pionierdorf mit Streichelfarm. *Mo–Sa 10–20 Uhr | Eintritt 15 $, Kinder 12 $ | I-15, Exit 287, Lehi, Utah | www.thanksgivingpoint.com*

> VON ABKÜRZUNGEN BIS ZOLL

Urlaub von Anfang bis Ende: die wichtigsten Adressen und Informationen für Ihre USA-West-Reise

ABKÜRZUNGEN

Ave. – Avenue; AZ – Arizona; Blvd. – Boulevard; Dr. – Drive; CA – California; CO – Colorado; Grove/Pine Sts. – Grove St. Ecke Pine St.; KS – Kansas; Hwy. – Highway; MT – Montana; Mt. – Mount; NM – New Mexico; NV – Nevada; OR – Oregon; Rd. – Road; Rds. – Roads; SD – South Dakota; St. – Street bzw. Saint; Sts. – Streets; TX – Texas; UT – Utah; WA – Washington; WY – Wyoming

ANREISE

Nonstopflüge in den Westen der USA werden von Lufthansa in Kooperation mit United Airlines angeboten (Flugzeit rund 10–12 Stunden). Die anderen amerikanischen Airlines bieten gute Umsteigeverbindungen über ihre Drehkreuze im Osten. Preise: je nach Saison 600–1400 Euro, viele Sondertarife.

Vor der Landung müssen die Formulare für Einreise *(immigration)* und Zoll *(customs)* ausgefüllt werden. Wichtig: Bei Umsteigeflügen müssen Sie das Gepäck an der *baggage claim area* abholen, durch den Zoll bringen und es danach am *connecting baggage counter* für den Weiterflug abgeben.

AUSKUNFT

Viele US-Bundesstaaten und -Großstädte unterhalten Infobüros in

PRAKTISCHE HINWEISE

Europa, die auf Anfrage Material versenden. Die Adressen erfahren Sie bei: *Visit USA Committee Germany e.V. | Uferstr. 47 | 55116 Mainz | Tel. 0700/84 74 88 72 | www.vusa-germany.de*

Vor Ort helfen die staatlichen *Tourism Offices,* die *Visitor Centers* und – in den kleinen Orten – die *Chambers of Commerce* weiter. Meist findet man bereits an den Flughäfen oder an den Staatsgrenzen entlang der Autobahnen gut ausgestattete *Welcome Centers*.

CAMPING

Empfehlenswert sind die weit verbreiteten Plätze der Kette KOA. Wildes Campen ist zwar (außer in den Nationalparks) nicht verboten, wird aber in besiedelten Gebieten nicht gern gesehen.

Reisende mit Zelt oder Wohnmobil können fünf Monate vorab für zahlreiche Nationalparks mit Kreditkarte reservieren unter *Tel. 001/518/885-36 39 | www.recreation.gov,* Buchung von State Parks unter *www.reserveamerica.com*.

DIPLOMATISCHE VERTRETUNGEN

Konsulate und Honorarkonsulate gibt es in zahlreichen Metropolen.

DEUTSCHES GENERALKONSULAT

6222 Wilshire Blvd., Suite 500, Los Angeles, CA 90048 | Tel. 323/930-27 03 | Fax 930-28 05 | www.germany-info.info

ÖSTERREICHISCHES GENERALKONSULAT

11859 Wilshire Blvd., Suite 501, Los Angeles, CA 90025 | Tel. 310/444-93 10 | Fax 477-98 97 | www.austria-la.org

Motels konzentrieren sich unübersehbar an Ausfallstraßen und typischen Ferienrouten

SCHWEIZERISCHES GENERALKONSULAT

11766 Wilshire Blvd., Suite 1400, Los Angeles, CA 90025 | Tel. 310/575-11 45 | Fax 575-19 82 | www.eda.admin.ch/la

EINREISE

Für Deutsche, Österreicher und Schweizer genügt für einen Aufenthalt bis zu 90 Tagen ein maschinenlesbarer Reisepass. Für neu ausgestellte Pässe sind auch biometrische Daten erforderlich. Neu ausgestellte Kinderpässe erfordern zudem ein Visum – besser ist es, für Kinder einen regulären Pass zu beantragen. Seit Januar 2009 muss das Einreiseformular bereits vorab im Internet ausgefüllt werden. Weitere Auskünfte: *http://german.germany.usembassy.gov*, *www.travelauthorization.org/esta.html*. Bei Umsteigeverbindungen müssen alle Zoll- und Passformalitäten am ersten Flughafen in den USA erledigt werden.

WÄHRUNGSRECHNER

€	US $	US $	€
1	1,35	1	0,75
3	4,00	3	2,20
5	6,70	5	3,70
7	9,40	7	5,20
9	12,00	9	6,70
15	20,10	15	11,00
25	33,50	25	18,50
75	100,50	75	55,50
100	135,00	100	75,00

GELD & KREDITKARTEN

US-Banken lösen zwar gegen Gebühr Reiseschecks ein, doch nur Großfilialen wechseln auch europäische Währungen. Die können Sie meist nur in den Wechselstuben der großen Flughäfen sowie (zu schlechtem Kurs) in manchen großen Hotels tauschen. Für die Reisekasse nehmen Sie eine Kreditkarte (Mastercard, Visa), mit der auch kleine Beträge an Tankstellen und in Läden zu bezahlen sind, und etwas US-Bargeld für die Ankunft. Weiteres Bargeld können sie mit EC-Karte und Geheimzahl an den meisten Bankautomaten ziehen. Reiseschecks in US-Dollar werden überall in Läden und Restaurants akzeptiert.

GESUNDHEIT

Die ärztliche Versorgung in den USA ist im Allgemeinen sehr gut – und sehr teuer. Schließen Sie daher unbedingt eine Auslandskrankenversicherung ab! Medikamente gibt es in der *pharmacy* und im *drugstore*, die teils rund um die Uhr geöffnet sind.

INLANDSFLÜGE

Fast alle amerikanischen Fluggesellschaften bieten bis zu 40 Prozent verbilligte Visit-USA-Tarife und Rundflugtickets *(coupon airpasses)* für Inlandsflüge an, die aber vor der Reise in Europa gebucht werden müssen!

INTERNET / WLAN

Amerikas Westen ist bestens vernetzt. Der Anschluss in Businesshotels kostet meist 8–15 $ pro Tag, oft steht aber ein kostenlos zu nutzender Computer in der Hotellobby. Für den eigenen Laptop finden Sie in vielen Hotels und Internetcafés WLAN *(WiFi, wireless network)*, teils sogar kostenlos. Zum Emails-Checken gibt es Webcomputer in Coffeeshops oder Büroläden wie Kinko's für 2–3 $/10 Min.

Gute Websites: *www.mapquest.com*, *www.nps.gov*, *www.discoveramerica.com*, *www.visitcalifornia.com*, *www.byways.org*

KLIMA & REISEZEIT

Entsprechend den gewaltigen Dimensionen des Landes herrschen in den USA ähnlich ausgeprägte Klimaunterschiede wie zwischen Nordafrika und Schweden. Die beste Reisezeit für die Rockies und den Nordwesten ist der Sommer – dann haben allerdings auch die Amerikaner Schulferien. In den wüstenhaften Südwesten, nach Kalifornien und Texas reist man am besten im Frühjahr oder Herbst. Da anders als in Europa eine Klimabarriere wie die Alpen in Nordamerika fehlt, sind die Winter in den Rockies und den Prärien meist weitaus kälter als bei uns, aber auch viel trockener.

MASSE & GEWICHTE

1 inch = 2,54 cm
1 foot = 30,48 cm
1 mile = 1,6 km
1 acre = 0,4 ha
1 gallon = 3,79 l
1 pound = 453,6 g

MIETWAGEN

Zur Automiete genügt der nationale Führerschein, selten wird der internationale Führerschein verlangt. Es ist meist preisgünstiger, den Wagen vorab im Reisebüro zu buchen (Steuern, Versicherung inklusive). Auch sollten Sie das Auto möglichst am selben Ort wieder abgeben, da sonst hohe Rückführgebühren fällig werden. Mietwagen sind vor allem in Kalifornien recht preisgünstig (ab 50 $/Tag, 250 $/Woche, Kilometer inklusive). Das Mindestmietalter beträgt 21 bzw. 25 Jahre. Neben den großen Mietwagenfirmen gibt es preisgünstige Regionalfirmen, die für einen Stadtbesuch durchaus sinnvoll, aber für eine Rundfahrt nicht zu empfehlen sind.

Das Straßennetz ist gut ausgebaut, die Überlandstraßen sind nach einem Nummernsystem klassifiziert. Anschnallen ist Pflicht. Die Höchstgeschwindigkeit wird von den einzelnen Staaten festgesetzt: auf Landstraßen meist 55 mph (88 km/h), in Orten 25–35 mph (35–50 km/h), auf Autobahnen 65–75 mph (105 bis 120 km/h).

Die Verkehrsregeln gleichen denen in Europa. Ausnahmen: An Ampeln darf man auch bei Rot nach rechts abbiegen, auf Autobahnen auch rechts überholen. Schulbusse mit blinkender Warnanlage dürfen dagegen überhaupt nicht passiert werden – auch nicht aus der Gegenrichtung. Außerdem gibt es sogenannte *3-way-* oder *4-way-stops,* Kreuzungen mit Stoppschildern, an denen jedes Fahrzeug halten muss. Wer zuerst an der Kreuzung gehalten

WAS KOSTET WIE VIEL?

KAFFEE	1,50 EURO	im Coffeeshop
BIER	2,50–4,50 EURO	ein Glas in der Bar
HAMBURGER	1–4 EURO	im Fastfoodlokal
STEAK-DINNER	12–22 EURO	Steak mit Salat, Baked Potato und Maiskolben
EINTRITT	45 EURO	in den Vergnügungspark
BENZIN	2,60 EURO	Bleifrei je Gallon (3,78 l)

hat, darf zuerst weiterfahren. Der amerikanische Automobilclub *AAA* hilft auch den Mitgliedern ausländischer Clubs (Mitgliedsausweis!): *Tel. 800/222-43 57.*

NOTRUF

Fast überall in den USA gilt die Notrufnummer 911, gebührenfrei von jedem Telefon anwählbar. Nur in manchen ländlichen Gegenden gibt es andere, am Münztelefon vermerkte Notrufe. Im Zweifelsfall wenden Sie sich an den *Operator:* 0 wählen.

ÖFFENTLICHE VERKEHRSMITTEL

Die Routennetze der Greyhound-Überlandbusse und Amtrak-Züge sind für längere Sightseeingreisen zu weitmaschig, aber die größeren Orte lassen sich gut erreichen. Auskunft über die Netzkarten von Greyhound *(Discovery Pass)* und Amtrak *(USA Railpass/California Rail Pass)* in Reisebüros oder unter *www.greyhound.com, www.amtrak.com.*

ÖFFNUNGSZEITEN

Läden sind überwiegend Mo–Sa 9.30–18 Uhr geöffnet, Malls 10 bis 21 und So 12–17 Uhr. Große Drugstores und Lebensmittelsupermärkte sind auch abends und an Wochenenden offen, teilweise sogar rund um die Uhr. Museen sind meist 9–17 und So 13–17 Uhr geöffnet, Mo jedoch häufig geschlossen.

POST

Postämter haben Mo–Fr 9–17 Uhr geöffnet, größere auch Sa 9–12 Uhr. Das Porto für Luftpostbriefe und Postkarten nach Europa beträgt 94 Cents. Von Großstädten aus ist eine Karte etwa 4 bis 6 Tage nach Europa unterwegs, aus ländlichen Regionen 3 bis 4 Tage länger.

WETTER IN SAN FRANCISCO

	Jan.	Feb.	März	April	Mai	Juni	Juli	Aug.	Sept.	Okt.	Nov.	Dez.
Tagestemperaturen in °C	13	15	16	17	17	18	18	18	20	20	18	14
Nachttemperaturen in °C	7	8	9	10	11	12	12	12	13	12	10	8
Sonnenschein Std./Tag	5	7	8	9	10	11	9	8	9	8	6	5
Niederschlag Tage/Monat	8	7	8	6	2	1	0	0	0	2	7	8
Wassertemperaturen in °C	11	11	12	12	13	14	15	15	16	15	13	11

PRAKTISCHE HINWEISE

STEUERN

In den meisten Staaten wird auf alle Einkäufe eine Verkaufssteuer (4 bis 7 Prozent) aufgeschlagen. Diese *sales tax* wird erst beim Kauf hinzugerechnet, ist also z. B. auf der Speisekarte oder auf dem Preisschild im Laden noch nicht berücksichtigt. Im Hotel wird teilweise eine Übernachtungssteuer von einigen Prozent aufgeschlagen.

STROM

Netzspannung: 110 Volt, 60 Hertz. Einen Steckdosenadapter für den (umschaltbaren!) Fön oder Rasierapparat sollten Sie mitbringen.

TELEFON & HANDY

Alle Telefonnummern in den USA sind 7-stellig, dazu kommt in einigen Großstädten und für Ferngespräche noch eine 3-stellige Vorwahl, der *area code.* Bei Ortsgesprächen wählen Sie nur die Nummer, bei Ferngesprächen zusätzlich eine 1 vor Vorwahl und Nummer.

Ortsgespräche vom öffentlichen Fernsprecher kosten 25–50 Cent, bei Ferngesprächen gibt nach dem Wählen eine Computerstimme die Gebühr an. Vorsicht: Im Hotel werden oft horrende Aufschläge berechnet. Preiswerter sind für Anrufe von öffentlichen Fernsprechern oder vom Hotel die an Kiosken erhältlichen *prepaid phone cards*.

Bei Telefonproblemen hilft der *Operator* 0 weiter, er vermittelt auch R-Gespräche *(collect calls).* Über die in den USA gebührenfreien Nummern mit der Vorwahl 800, 866, 877 oder 888 reserviert man Hotels oder Mietwagen.

Triband- und Quad-Handys aus Europa funktionieren auch in den USA, aber nur in dichter besiedelten Regionen und gegen Aufpreis (bis 1,50 Euro/Min.). Für eine längere Reise können Sie vor Ort bei Netzbetreibern wie *CellularOne* auch eine amerikanische *prepaid Sim-Karte* kaufen.

Vorwahl nach Deutschland: 011-49, Österreich: 011-43, in die Schweiz: 011-41, dann die Ortsvorwahl ohne die erste Null und die Rufnummer wählen. Vorwahl in die USA: 001

ZEITZONEN

Westküste: *Pacific Standard Time,* Mitteleuropäische Zeit (MEZ) –9 Std., Rocky Mountains, Südwesten: *Mountain Time,* MEZ –8 Std., Prärien: *Central Time,* MEZ –7 Std.

Vom zweiten Sonntag im März bis zum ersten Sonntag im November gilt die Sommerzeit mit einer Zeitverschiebung von plus einer Stunde.

ZOLL

Gegenstände für den persönlichen Gebrauch sind zollfrei. Pflanzen und frische Lebensmittel dürfen nicht eingeführt werden. Erlaubt sind pro Erwachsenen 200 Zigaretten oder 50 Zigarren oder 2 kg Tabak sowie 1,1 l Spirituosen und Geschenke in einem Wert von bis zu 100 Dollar.

In die EU zollfrei eingeführt werden dürfen: 1 l Alkohol über 22 Prozent, 200 Zigaretten oder 100 Zigarillos oder 50 Zigarren oder 250 g Tabak, 50 g Parfüm oder 250 g Eau de Toilette und andere Artikel im Gesamtwert von 175 Euro.

Ausführliche Informationen erhalten Sie unter www.zoll.de.

> DO YOU SPEAK AMERICAN ENGLISH

„Sprichst du Englisch?" Dieser Sprachführer hilft Ihnen, die wichtigsten Wörter und Sätze auf Englisch zu sagen

Aussprache

Zur Erleichterung der Aussprache sind alle englischen Begriffe und Wendungen mit einer einfachen Aussprache (in eckigen Klammern) versehen. Folgende Zeichen sind Sonderzeichen:

ə	nur angedeutetes „e" wie in bitte
θ	[s] gesprochen mit der Zungenspitze zwischen den Zähnen
'	die nachfolgende Silbe wird betont

AUF EINEN BLICK

Ja./Nein.	Yes. [jäs]/Yeah. [jie]/No. [no]
Vielleicht.	Perhaps. [pö'häps]/Maybe. ['mäibih]
Bitte.	Please. [plihs]
Danke.	Thank you. ['θänkju]
Vielen Dank!	Thank you very much. ['θänkju 'wäri 'matsch]
Gern geschehen.	You're welcome. [jər 'wälkəm]
Entschuldigung!	Excuse-me! [iks'kjuhs 'mih]
Wie bitte?	Pardon? ['paərdn]
Ich verstehe Sie/dich nicht.	I don't understand. [ai dont andö'ständ]
Ich spreche nur wenig ...	I only speak a little ... [ai 'onli spihk ə litl]
Können Sie mir bitte helfen?	Can you help me, please? ['kən ju 'hälp mi plihs]
Ich möchte ...	I'd like ... [aid'laik]
Das gefällt mir (nicht).	I (don't) like this. [ai (dont) laik‿θis]
Haben Sie ...?	Do you have ...? [du ju 'häw]
Wie viel kostet es?	How much is this? ['hau'matsch is θis]
Wie viel Uhr ist es?	What time is it? [wət 'taim is it]

KENNENLERNEN

Guten Morgen!	Good morning! [gud 'moərning]
Guten Tag!	Good afternoon! [gud äftö'nuhn]
Guten Abend!	Good evening! [gud 'ihwning]
Hallo! Grüß dich!	Hello! [hə'lo]/Hi! [hai]
Mein Name ist ...	My name's ... [mai näims ...]
Wie ist Ihr/dein Name?	What's your name? [wots joər 'näim]
Wie geht es Ihnen/dir?	How are you? [haur'ju]
Danke. Und Ihnen/dir?	Fine thanks. And you? ['fain θänks, ənd 'ju]

Auf Wiedersehen!	Goodbye!/Bye-bye! [gud'bai/bai'bai]
Tschüss!	See you!/Bye! [sih ju/bai]
Bis bald!	See you later! [sih ju 'lätər]
Bis morgen!	See you tomorrow! [sih ju tə'məro]

UNTERWEGS

AUSKUNFT

links/rechts	left [läft]/right [rait]
geradeaus	straight ahead [sträit 'əhäd]
nah/weit	near [niər]/far [faər]
Bitte, wo ist …	Excuse me, where's …, please? [iks'kjuhs 'mih 'weərs … plihs]
… der (Bus-) Bahnhof?	… the train/bus station … [θə'träən/bass 'stäischn]
… die U-Bahn?	… the subway … [θə 'sabwä]
… der Flughafen?	… the airport … [θə 'erpoht]
Wie weit ist das?	How far is it? ['hau 'far‿is‿it]
Ich möchte ein Auto mieten.	I'd like to rent a car. [aid'laik tə 'ränt ə 'kaər]

AUTO

Ich habe eine Panne.	My car's broken down. [mai 'kaərs 'brokn 'daun]
Gibt es hier in der Nähe eine Werkstatt?	Is there a service station nearby? ['is θeə‿ə 'söəwis stäischn 'nirbai]
Wo ist die nächste Tankstelle?	Where's the nearest gas station? ['weəs θə 'niərist 'gäs stäischn]
Ich möchte … Liter/ Gallonen [3,7 l] …	… liters/gallons of … ['lihtərs/gäləns əw]
… Normalbenzin.	… regular, [regjulər]
… Super.	… premium, [primium]
… Diesel.	… diesel, ['dihsl]
… bleifrei/verbleit.	… unleaded/leaded, please. [an'lädid/'lädid plihs]
Voll tanken, bitte.	Full, please. ['full plihs]

UNFALL

Hilfe!	Help! [hälp]
Achtung!	Attention! [ə 'tänschn]
Vorsicht!	Look out! ['luk 'aut]

Kanuten am Fuß der Cascade Mountains

> UNTERWEGS IM WESTEN DER USA

Die Seiteneinteilung für den Reiseatlas finden Sie auf dem hinteren Umschlag dieses Reiseführers

REISE ATLAS

PACIFIC OCEAN
Washington
Oregon
Cascade Range
Okanogan Range
VANCOUVER
Nth. Vancouver
Coquitlam
NEW WESTMINSTER
Richmond
Delta
SURREY
Tsawwassen
Abbotsford
Sumas
Mission
Hope
Princeton
Tulameen
Penticton Ind. Res.
Keremeos
Cathedral Prov. P.
Manning Park
Manning Prov. P.
Skagit Prov. P.
Blaine
Bellingham
Deming
Mt. Baker
North Cascades Nat. Park
Pasayten Wilderness Area
Newhalem
Mazama
Winthrop
Hamilton
Sedro Woolley
Mt. Vernon
Anacortes
Oak Harbor
Stanwood
Arlington
Darrington
Glacier Peak Wilderness
Glacier Pk.
Lake Chelan
Pateros
Chelan
Everett
Monroe
Stevens Pass
Skykomish
Leavenworth
Wenatchee
East Wenatchee
Wenatchee Mts.
Entiat
Orondo
Snoqualmie Pass
Alpine Lakes Wilderness
SEATTLE
Bellevue
Redmond
Edmonds
Renton
Kent
Auburn
Enumclaw
Fall City
Selleck
Hyak
Cle Elum
Ellensburg
Gingko Petrified Forest S.P.
TACOMA
Puyallup
Olympia
Lacey
Shelton
Bremerton
Port Orchard
Belfair
Purdy
Port Townsend
Port Angeles
Discovery Bay
Columbia Beach
Gamble
Duckabush
Olympic Mountains
Olympic National Park
Mt. Olympus
Sequim
Forks
Sappho
Neah Bay
C. Flattery
Makah Ind. Res.
Ozette Ind. Res.
Quillayute Ind. Res.
Quinault Ind. Res.
Queets
Taholah
Quinault
Humptulips
Aberdeen
Hoquiam
Ocean Shores
Westport
Grays Harbor
Elma
Willapa Bay
Raymond
Willapa Hills
Oysterville
Ilwaco
C. Disappointment
Astoria
Rosburg
Cathlamet
Centralia
Chehalis
Claquato Church
Yelm
Eatonville
Mt. Rainier
Mt. Rainier Nat. Park
Carbonado
Elbe
Morton
Packwood
White Pass
Goat Rocks Wilderness
Yakima
Selah
Yakima Train. Center
Wapato
Toppenish
Buena
Sunnyside
Yakima Ind. Res.
Mabton
Salkum
Vader
Mt. St. Helens
Mt. Saint Helens Nat. Volcanic Mon.
Mt. Adams
Trout Lake
Longview
Kelso
Yale
Woodland
Ice Caves
White Salmon
Goldendale
Stevenson
Lyle
Maryhill
Arlington
Biggs
Vancouver
Prindle
Columbia R.
Seaside
Ft. Clatsop Nat. Mem.
Westport
Mist
St. Helens
Nehalem
Tillamook Bay
Tillamook
Timber
Forest Grove
PORTLAND
Milwaukie
Newberg
McMinnville
Estacada
Mt. Hood
The Dalles
Moro
Tygh Valley
Kent
Condon
John Day Fossil Beds Nat. Mon.
C. Lookout
Hebo
Grand Ronde
Lincoln City
Dallas
Monmouth
Keizer
Salem
Woodburn
Silverton
Mill City
Detroit L.
Warm Springs Ind. Res.
Warm Springs
The Cove Palisades S.P.
Madras
Spray
Mitchell
Newport
Toledo
Lewisburg
Corvallis
Albany
Lebanon
Harrisburg
Sweet Home
Waldport
Junction City
Three Sisters
Sisters
Redmond
Prineville
Crooked R.
Maury Mts.
Mapleton
Florence
EUGENE
Springfield
McKenzie Bridge
Bend
Newb. Nat. Volc. Mon.
Hampton Butte
Reedsport
Cottage Grove
Oakridge
Fairview Pk.
Paulina Pk.
Great Sandy Desert
Lakeside
North Bend
Coos Bay
Sutherlin
Umpqua R.
Steamboat
Crescent
Chemult
Bandon
Winston
Roseburg
Myrtle Point
Riddle
Tiller
Fremont Mountains
Silver Lake
Summer L.
C. Blanco
Port Orford
Union Creek
Crater L.
Crater Lake Nat. Park
Wolf Creek
Klam. M.N.W.R.
Chiloquin
L. Albert
Paisley
Agness
Merlin
Grants Pass
Eagle Point
Mt. McLoughlin
Gold Beach
Pistol River
Central Pt.
Medford
Upper Klamath L.
Klamath Falls
Bly
Drews Res.
Valley Falls
Lakeview
Kerby
Ashland
Lower Klam. N.W.R.
Merrill
Brookings
Oregon Caves Nat. Mon.
Worden
Goose L.
Smith River
Pt. St. George
Crescent City
Hilt
Happy Camp
Lava Beds Nat. Mon.
Clear Lake Res.
Mt. Hebron
Willow Ranch
Victoria
Saanich
Sidney
Duncan
Lake Cowichan
Port Renfrew
River Jordan
Strait of Juan de Fuca
Ladysmith
Nanaimo
Parksville
Port Alberni
Ucluelet
Barkley Sound
Pacific Rim National Park
Bamfield
Strathcona Prov. Park
Sooke
Tofino

126

Balfour
Nelson
Kootenay
Castlegar
Doukhobor Village
Shoreacres
Salmo
Trail
Rossland
Montrose
Greenwood
Grand Forks
Christina
Orient
Rock Cr.
Midway
Kettle Range
Republic
Kettle Falls
Northport
Colville
Metaline Falls
Tiger
Locke
Colville Ind.
Franklin Delano Roosevelt Lake
Grand Coulee Dam
Kalispel Ind. Res.
Chewelah
Hunters
Springdale
Newport
Spokane Ind. Res.
Deer Park
Spokane House
Wilbur
SPOKANE
Davenport
Reardan
Harrington
Cheney
Odessa
Sprague
Rosalia
Ritzville
Ewan
Benge
Washtucna
Connell
Mesa
Pasco
Burbank
Wallula
Othello
Moses Lake
Fort Steele
Ft. Steele Heritage Town
Cranbrook
Moyie
Creston
Yahk
Rykerts
Copeland
Bonners Ferry
Moyie Springs
Yaak
Nordman
Priest L.
Sandpoint
Priest River
Cabinet Mountains
Troy
Snowshoe Peak
Libby
Clark Fork
Pend Oreille L.
Athol
Rathdrum
Coeur d'Alene
Post Falls
Opportunity
Colbert
Coeur d'Alene L.
Coeur d'Alene Ind. Res.
Plummer
St. Maries
Santa
Tekoa
Ford
Trout Creek
Prichard
Kellogg
Mullan
Wallace
Lookout Pass
Avery
Palouse
Colfax
Pullman
Moscow
Deary
Bovill
Elk River
Dworshak Res.
Headquarters
Pot Mountain
Nez Perce N.H.P.
Orofino
Lewiston
Clarkston
Snake River Canyon
Pomeroy
Delaney
Prescott
Dayton
Waitsburg
Walla Walla
College Place
Milton-Freewater
Whitman Mission N.H.S.
Hermiston
Pendleton
Umatilla Ind. Res.
Gibbon
Pilot Rock
Winchester
Cottonwood
Kamiah
Kooskia
Lowell
Grangeville
Elk City
Clearwater Mountains
Buffalo Hump
Fernie
Elko
Roosevelt
Eureka
Lake Koocanusa
Stryker
Polebridge
Whitefish
Columbia Falls
Kalispell
Somers
Bigfork
Flathead Lake
Flathead Ind. Res.
Big Arm
Thompson Falls
Plains
Paradise
De Borgia
St. Regis
Ronan
McDonald Pk.
Ravalli
Arlee
Clearwater
Seeley Lake
Missoula
East Missoula
Lolo
Lolo Hot Springs
Tarkio
Illinois Pt.
Stevensville
Hamilton
Bitterroot Range
Sapphire Mts.
Grave Pk.
Selway
Selway Bitterroot Wilderness
Selway Fs.
Anaconda-Pintler Wilderness
Lost Trail Pass
Sula
Big Hole National Battlefield
Chief Joseph Pass
Gibbonsville
Pincher
Pincher Creek
Waterton Glacier Internat. Peace Park
Waterton Park
Mt. Cleveland
Babb
St. Mary
Glacier Nat. Park
Logan Pass
West Glacier
Lewis Ra.
Essex
Hungry Horse Res.
Ind. Res.
Cardston
Blood
Hells Canyon Nat. Rec. Area
Hells Canyon
Enterprise
Joseph
Wallowa Mountains
Cove Hot Springs
La Grande
North Powder
Eagle Cap Wilderness
Haines
Baker City
Ukiah
Dale
Long Creek
Blue Mountains
Prairie City
John Day
Strawberry Mountain
Seneca
Huntington
Brogan
Ontario
Vale
Payette
Weiser
Harper
Nyssa
Juntura
Crane
Malheur L.
Malheur N.W.R.
Steens Mountain
Alvord Valley
Owyhee Ridge
Lake Owyhee
Homedale
Jordan Valley
Cinnabar Mtn.
Burns Junction
Blue Mt. Pass
McDermitt
Ft. McDermitt Ind. Res.
Denio Junction
Trident Pk.
Riggins
Hot Sprs.
River of no Return Wilderness
Burgdorf
Big Creek
Mt. McGuire
Salmon River Mountains
Salmon
Ft. Lemhi Mon.
New Meadows
Council
Cascade Res.
Cambridge
Big Baldy
Lost River Range
Twin Peaks
Challis
Bonanza
Smiths Ferry
Lowman
Stanley
Castle Pk.
Sawtooth N.R.A.
Sawtooth Rg.
Borah Pk.
Horseshoe Bend
Ghost Town
Caldwell
BOISE
Nampa
Kuna Cave
Arrowrock Res.
Mayfield
Smoky Mts.
Hyndman Pk.
Sun Valley
Hailey
Fairfield
Magic Res.
Carey
Hill City
Mountain Home
Shoshone Ice Caves
Richfield
Gooding
Shoshone
Glenns Ferry
Hagerman
Balanced Rock
Jerome
Shoshone Fs.
Filer
Twin Falls
Oakley
Bruneau
Owyhee Plateau
Riddle
Duck Valley Ind. Res.
Mountain City
Matterhorn
Rogerson
Salmon Falls Cr. Res.
Contact
Idaho
Montana
Washington
Oregon
Columbia
100 km

127

Ft. Steele Heritage Town
Fernie
Pincher Creek
Blood
Wrentham
Foremost
Cypress
Ft. Walsh N.H.P.
Magrath
Raymond
Manyberries
Moyie
Elko
Waterton Glacier Internat. Peace Park
Etzikom Coulée
Pakowki Lake
Cardston
Warner
Roosville
Eureka
Waterton Park
Mt. Cleveland
Carway
Del Bonita
Coutts
Wild Horse
Yaak
Babb
Sweetgrass
Whitlash
Lake Koocanusa
Glacier
Logan Pass
Polebridge
Blackfeet Indian Reservation
St. Mary
Sunburst
Cut Bank
Fresno Res.
Stryker
West Glacier
Browning
Rudyard
Whitefish
Shelby
Libby
Columbia Falls
Essex
East Glacier Park
Marias Pass
Chester
Gildford
Havre
Lothair
Rocky Boy's Ind. Res.
Kalispell
Lake Elwell
Dupuyer
Big Sandy
Bear Paw Mtn.
Somers
Hungry Horse Res.
Conrad
Bigfork
Flathead Lake
Collins
Flathead Ind. Res.
Big Arm
Choteau
Dutton
Carter
Fort Benton
Thompson Falls
Fairfield
Fort Benton Ruins
Geraldine
Brenton N.W.R.
De Borgia
Plains
Paradise
Ronan
McDonald Pk.
Augusta
Vaughn
Ulm
Great Falls
St. Regis
Belt
Sun R.
Bowmans Corner
Ravalli
Arlee
Seeley Lake
Cascade
Illinois Pt.
Tarkio
Lolo
Red Mtn.
Wolf Creek
Holter Lake
Monarch
Stanford
Clearwater
Missoula
Hauser Lake
Pot Mountain
Hot Springs
East Missoula
Lolo
Drummond
Canyon Creek
Canyon Ferry
Mts.
Clearwater
Goldcreek
Garrison
Avon
Helena
Stevensville
Jefferson City
Mount Edith
White Sulphur Springs
Harlowton
Grant-Kohrs Ranch N.H.S.
Deer Lodge
Grave Pk.
Porters Corner
Hamilton
Selway
Bitterroot Wilderness
Selway Fs.
Anaconda
Mt. Evans
Boulder
Townsend
Ringling
Toston
Anaconda Pintler Wilderness
Crazy Pk.
Butte
Whitehall
Lost Trail Pass
Big Hole National Battlefield
Belgrade
Clyde Park
Big Timber
Sula
Divide
Three Forks
Bozeman
Livingston
Chief Joseph Pass
Pioneer
Melrose
Gibbonsville
Wisdom
Twin Bridges
Norris
Natural Bridge St. Mon.
River of no Return Wilderness
Mountains
Ennis
Gallatin Pk.
Absaroka-Beartooth Wilderness
Big Creek
Mt. McGuire
Salmon
Ajax Pk.
Beaverhead R.
Big Sky
Mt. Wood
Salmon River
Clark Canyon Res.
Dillon
Koch Pk.
Electric Pk.
Gardiner
Silver Gate
Mammoth Hot Springs
Big Baldy
Ft. Lemhi Mon.
Madison Bird Refuge
Madison Canyon Earthquake Area
Hebgen L.
Mountains
Ellis
Lemhi Range
Beaverhead Mts.
Dell
Targhee Pass
West Yellowstone
Norris
Yellowstone Lake
Twin Peaks
Challis
Leadore
Monida Pass
Garfield Mtn.
Monida
Old Faithful Geysir
Sylvan Pass
Pahaska Tepee
Bonanza
Lost River Range
Humphrey
Island Park Res.
Macks Inn
W. Thumb
Stanley
Yellowstone National Park
Yellowstone Lake
Castle Pk.
Borah Pk.
Idaho
Dubois
Ashton
Sawtooth N.R.A.
Sawtooth Rg.
J.D. Rockefeller Jr. Mem. Parkway
Sth. Teton W.A.
Jackson L.
Hyndman Pk.
Leslie
Saddle Mt.
Terreton
St. Anthony
Moran
Togwotee Pass
Smoky Mts.
Sun Valley
Idaho National Engeneering and Environmental Lab
Rexburg
Gd. Teton Pk.
Grand Teton Nat. P.
Rigby
Driggs
Hailey
Arco
Victor
Moose
Fairfield
Magic Res.
Atomic City
Idaho Falls
Swan Valley
Jackson
Hill City
Carey
Hoback Jn.
Gannett Pk.
Shoshone Ice Caves
Craters of the Moon Nat. Mon.
Blackfoot
Palisades Res.
Alpine Jn.
Bondurant
Richfield
Snake River Plain
Fort Hall Ind. Res.
Grays L.
Fremont L.
Gooding
Freedom
American Fs. Res.
Shoshone
Minidoka
Pocatello
Blackfoot Res.
Thayne
Hagerman
American Falls
Grover
Wyoming Ra.
Daniel
Jerome
Rupert
Bancroft
Shoshone Fs.
Soda Springs
Balanced Rock
Filer
Twin Falls
Burley
Pauline
Bannock Ra.
McCammon
Meade Pk.
Smoot
Wyoming Pk.
Big Piney
Downey
Oakley
Sublett
Geneva
Green River Basin
Salmon Falls Cr. Res.
Rogerson
Cache Pk.
Oxford Pk.
Malad City
Montpelier
Border
Fontenelle Res.
Holbrook
Wasatch Ra.
St. Charles
Cokeville
100 km
Strevell
Preston
Weston
Contact
Snowville
Bear Lake
Fossil Butte Nat. Mon.
Fontenelle
Lewiston
Kemmerer
Grouse Creek
Logan
Sage

128

D
E
F
Shaunavon
Cadillac
Kincaid
Limerick
Ogema
Radville
Halbrite
Midale
Eastend
Wood Mtn.
St. Victor's Petroglyphs Hist. P.
Willow Bunch
Bengough
Ceylon
Minton
Lake Alma
Ferland
Wood R.
Climax
Val Marie
Grasslands Nat. Park
Poplar R.
Rockglen
Big Beaver
Torquay
Estevan
Masefield
Monchy
West Poplar
East Poplar
Regway
Fortuna
Crosby
Raymond
Writing Rock
Turner
Loring
Opheim
Scobey
Westby
Plentywood
Grenora
Peerless
Zahl
Harlem
Dagmar
Medicine Lake
Medicine L.
Fort Peck Indian Reservation
Dodson
Malta
Hinsdale
Ft. Belknap Ind. Res.
Ft. Union Trading Post N.H.S.
Ray
Glasgow
Nashua
Wolf Pt.
Poplar
Culbertson
Buford
Williston
Fairview
Alexander
Watford City
Ft. Peck
Vida
East Fairview
Sidney
Mo. Breaks
Charles M. Russell N.W.R.
Nat. Monument
Fort Peck Lake
T. Roosevelt Nat. Park Nth. Unit
Piney Buttes
Jordan
Circle
Savage
Trotters
Roy
Lindsay
Glendive
T. Roosevelt Nat. Park Sth. Unit
Big Sheep Mtn.
Mosby
Beach
Medora
Rock Springs
Terry
Fallon
Golva
Carlyle
Melstone
Ingomar
Miles City
Burning Coal Mines
Roundup
Vananda
Locate
Baker
Marmarth
White Butte
Lavina
Bull Mountain
Hysham
Forsyth
Fort Dilts Hist. Site
Bowman
Pompeys Pillar
Custer
Tongue R.
Volborg
Ekalaka
Blue Mud Hills
Laurel
Billings
Hardin
Crow Agency
Lame Deer
Buffalo
Silesia
Crow Indian Reserv.
Little Bighorn Battlefield Nat. Mon.
Northern Cheyenne Ind. Res.
Broadus
Capitol
Camp Crook
Bridger
Bighorn L.
Lodge Grass
Fort Smith
Bighorn Canyon N.R.A.
Otter
Biddle
Geograph. Center of U.S.
Warren
Wyola
Tangue R. Res.
Alzada
Frannie
Ranchester
Decker
Colony
Belle Fourche Res.
Powell
Lovell
Bighorn Mountains
Sheridan
Spotted Horse
Hulett
Aladdin
Belle Fourche
Granite Pass
Arrowhead Lodge
Ulm
Arvada
Devils Tower Nat. Mon.
Spearfish
Ft. Phil Kearny
Ucross
Keyhole Res.
Sundance
Sturgis
Cloud Pk.
Greybull
Bighorn Basin
Manderson
Buffalo
Gillette
Moorcroft
Powder River Pass
Meeteetse
Worland
Upton
Four Corners
Black Hills
Hill City
Mt. Rushmore Nat. Memorial
Powder R.
Custer
Winchester
Kaycee
Wright
Newcastle
Jewel Cave Nat. Mon.
Wind Cave Nat. P.
Owl Cr.
World's Largest Mineral Hot Sprs.
Thermopolis
Barnum
Cheyenne R.
Mule Creek Jct.
Edgemont
Wind River Ind. Res.
Boysen Res.
Midwest
Angostura Res.
Shoshoni
Lysite
Lance Creek
Kinnear
Ardmore
Wind River
Riverton
Powder River
Glenrock
Manville
Lusk
Harrison
Wyoming
Lander
Shoshone Basin
Casper
Douglas
Orin
Glendo Res.
Nth. Platte R.
Independence Rock S.H.S.
Laramie
Agate Fossil Beds Nat. Mon.
Sweetwater Station
Jeffrey City
Alcova
La Prele Ranger Station
Glendo
Guernsey Res.
Guernsey
Ft. Laramie N.H.S.
Sweetwater R.
Muddy Gap
Pathfinder Res.
Laramie Pk.
Grayrocks Res.
Lingle
Torrington
Great Divide Basin
Seminoe Res.
Wheatland
Mitchell
Medicine
Como Bluff Fossil Beds
Hawk Springs
Scotts Bluff Nat. Mon.
Point of Rocks
Rawlins
Walcott
Wheatland Res. No. 2
Chugwater

129

Big Beaver
East Poplar
Alma
Regway
Torquay
Estevan
Bienfait
Oxbow
Gainsborough
Melita
Carievale
Pierson
Boissevain
Deloraine
Killarney
Cartwright
Turtle Mountain
Prehistoric Mounds
Northgate
Portal
Raymond
Fortuna
Crosby
Columbus
Westby
Writing Rock
Plentywood
Grenora
Bowbells
Kenmare
Westhope
Mohall
Bottineau
L. Metigoshe
Int.'l Peace Garden
Dunseith
Rolla
Turtle Mnt. Ind. Res.
Salyer N.W.R.
McGregor
White Earth
Lansford
Upham
Medicine Lake
Dagmar
Zahl
Ft. Union Trading Post N.H.S.
Carpio
Ray
Stanley
Berthold
Surrey
Minot
Granville
Towner
Rugby
Cando
Leeds
Geogr. Center of North American Continent
Culbertson
Williston
Buford
New Town
Velva
Karlsruhe
Minnewaukan
Devils Lake
Fairview
Alexander
Watford City
Ft. Berthold Ind. Res.
Lake Sakakawea
Drake
Anamoose
Sidney
East Fairview
T. Roosevelt Nat. Park Nth. Unit
Max
Harvey
Hamberg
Fessenden
Mc Clusky
Missouri R.
Savage
Trotters
Killdeer
Riverdale
Knife R. Indian Village N.H.S.
Stanton
Underwood
Washburn
Bowdon
Halliday
Beulah
Wing
Tuttle
Glendive
Manning
T. Roosevelt Nat. Park Sth. Unit
Wilton
Badlands
Fallon
Beach
Medora
Belfield
Dickinson
Richardton
New Salem
Bismarck
Dawson
Medina
Carlyle
Golva
New England
Mandan
Sterling
Moffit
Long L.
Burning Coal Mines
Lake Tschida
Baker
Marmarth
Amidon
Mott
Elgin
Brelen
Ft. Rice H.S.
Napoleon
Linton
White Butte
New Leipzig
Cannon Ball
Fort Dilts Hist. Site
Bowman
Reeder
Hettinger
Morristown
Sitting Bull Burial Site
Standing Rock
McIntosh
Wishek
Strasburg
Ashley
Ekalaka
Blue Mud Hills
Lemmon
Petrified Wood Park
Shadehill Res.
Hugh Glass Mon.
McLaughlin
Indian Reservation
Herreid
Eureka
Buffalo
Camp Crook
Capitol
Reva
Bison
Sitting Bull's Grave
Isabel
Mobridge
Selby
Bowdle
Whitehorse
Cheyenne River
Moreau R.
La Plant
Alzada
Colony
Geograph. Center of U.S.
Castle Rock
Belle Fourche Res.
Ben Ash Mon.
Faith
Eagle Butte
Lake Oahe
Gettysburg
Agar
Seneca
Faulkton
Hulett
Aladdin
Devils Tower Nat. Mon.
Belle Fourche
Newell
Union Center
Howes
Cherry Creek
Spearfish
Sundance
Sturgis
Billsburg
Hayes
Pierre
Blunt
Highmore
Ft. Pierre Verendrye Mon.
Fort Pierre
Four Corners
Black Hills
Rapid City
Wasta
Wall
Philip
Midland
Crow Creek Ind. Res.
Lower Brule Ind. Res.
Hill City
Newcastle
Mt. Rushmore Nat. Memorial
Custer
Harney Pk.
Custer S. P.
Badlands Nat. Park
Kadoka
Vivian
Murdo
Presho
Fort Thompson
Chamberlain
Interior
White River
White R.
Jewel Cave Nat. Mon.
Wind Cave Nat. Park
Pringle
Mule Creek Jn.
Hot Springs
Edgemont
Pine Ridge
Winner
Angostura Res.
Ind. Res.
Wounded Knee Battlefield
Oelrichs
Mission
Rosebud
Clearfield
Colome
Gregory
Burke
Sioux Ind. Mus.
Roseb. Ind. Res.
Ardmore
Martin
Whiteclay
Merriman
Cody
Fort Niobrara N.W.R.
Valentine
Springview
Niobrara R.
Lusk
Harrison
Chadron
Crawford
Gordon
Hay Springs
Valentine N.W.R.
Wood Lake
Agate Fossil Beds Nat. Mon.
Merritt Res.
Ainsworth
Long Pine
Bassett
Guernsey
Ft. Laramie N.H.S.
Lingle
Hemingford
Torrington
Alliance
Ellsworth
Hyannis
Whitman
Mullen
Thedford
Sand Hills
Hawk Springs
Mitchell
Scottsbluff
Scotts Bluff Nat. Mon.
Bayard
Bridgeport
Crescent Lake N.W.R.
Dunning
Calamus Res.
Taylor
Hogback Mtn.
Chimney Rock N. H. S.
Nth. Platte R.
Tryon
Anselmo
Broken Bow
Sth. Loup R.
Stapleton
Arnold
Kimball
Oshkosh
Lewellen
Pine Bluffs
100 km
North Dakota
South Dakota
UNITED STATES
Nebraska
Coteau du Missouri
CANADA
130

Morden
Winkler
Emerson
Stuartburn
Piney
Sth. Junction
Middlebro
Northwest Angle For. Res.
Woods
Warroad
Wheelers Point
Rainy River
Bergland
Crow Lake
Fort Frances
International Falls
Mine Centre
Walhalla Historic Site
Windygates
Neche
Walhalla
Cavalier
St. Vincent
Hallock
Greenbush
Roseau
Baudette
Emo
Pelland
Little Fork
Langdon
Hallson
St. Thomas
Grafton
Drayton
Karlstad
Stephen
Agassiz N.W.R.
Red Lake Wildlife Management Area
Fourtown
Upper Red Lake
Big Falls
Lawton
Inster
Petersburg
Manvel
Warren
Thief River Fs.
Red Lake Ind. Res.
Lower Red Lake
Margie
Bois Forte Ind. Res.
Lakota
Niagara
Larimore
Grd. Forks
East Grand Forks
Plummer
Redby
Funkley
Northome
Effie
Togo
Cook
Pekin
Marcoux
Crookston
Climax
Erskine
Fosston
Bagley
Leech Lake Ind. Res.
Winnibigoshish L.
Mesabi Range
Chisholm
Hibbing
Cooperstown
Finley
Mayville
Blanchard
Hillsboro
Halstad
White Earth Ind. Res.
Mahnomen
Bemidji
P. Bunyan & Blue Ox Statue
Cass Lake
Bena
Deer River
Nashwauk
Hannaford
Courtenay
TV Tower
Page
Ashtabula
Gardner
Syre
Ogema
White Earth
Lake Itasca
Tamarac N.W.R.
Akeley
Walker
Remer
Grand Rapids
Swan River
Floodwood
Hill City
Buffalo
Casselton
Glyndon
Hawley
Detroit Lakes
Park Rapids
Hackensack
Whitefish
Cloquet
Cromwell
Valley City
Litchville
Alice
Fargo
Leonard
Moorhead
Ft. Detroit
Perham
Pequot Lakes
Hassman
Aitkin
Mc Gregor
Fond du Lac Ind. Res.
Lisbon
Abercrombie
Rothsay
Pelican Rapids
Dead L.
Wadena
Motley
Brainerd
Deerwood
Mille Lacs L.
Willow River
Verona
Gwinner
Ft. Abercrombie
Wyndmere
Breckenridge
Wahpeton
Fergus Fs.
Battle Lake
Eagle Bend
Fort Ripley
Garrison
Camp Ripley Mil. Res.
Mc Grath
Oakes
Forman
Hankinson
Parkers Prairie
Long Prairie
Onamia
Hinckley
Little Falls
Mora
Pine City
Claire City
Elbow Lake
Barrett
Alexandria
Sauk Centre
Royalton
Milaca
Braham
Britton
Sand Lake N.W.R.
Sisseton Ind. Res.
Victor
Wheaton
Sauk Rapids
Cambridge
North Branch
Lake City
Sisseton
Browns Valley
Graceville
Morris
Glenwood
Albany
St. Cloud
Princeton
Groton
Andover
Coteau des Prairies
Starbuck
Belgrade
Paynesville
Kimball
Coon Rapids
Forest Lake
Webster
Summit
Ortonville
Benson
Litchfield
Elk River
Mellette
Milbank
Appleton
Buffalo
Dassel
Blaine
ST. PAUL
Conde
Montevideo
Willmar
MINNEAPOLIS
James R.
Doland
Watertown
Henry
Clark
Granite Falls
Clara City
Olivia
Hector
Hutchinson
Prairie
Bloomington
Rosemount
Canby
Clear Lake
Clarkfield
Upper Sioux Ind. Res.
Minnesota R.
Stewart
Norwood
Winthrop
Jordan
Bryant
Poinsett
Arlington
Redwood Falls
Lower Sioux Ind. Res.
Morton
New Ulm
Le Sueur
St. Peter
Lonsdale
Le Center
Northfield
Iroquois
De Smet
Lake Benton
Marshall
Tracy
Sleepy Eye
Faribault
Kenyon
Huron
Brookings
Florence
Walnut Grove
Sanborn
Jeffers
Lake Crystal
Mankato
Owatonna
Noble's Trail Monument
Howard
Madison
Pipestone Nat. Mon.
Slayton
St. James
Vernon Center
Waseca
Village of Yesteryear
Artesian
Prairie Village
Dell Rapids
Pipestone
Windom
Ormsby
Winnebago
Albert Lea
Plankinton
Mitchell
Salem
Humboldt
Edgerton
Fulda
Heron L.
Blue Earth
Austin
Luverne
Adrian
Jackson
Fort Belmont
Fairmont
Sioux Falls
Brandon
Worthington
Estherville
Lake Mills
Northwood
Parkston
Parker
Rock Rapids
Spirit L.
Sibley
Lakota
Mason
Tripp
Freeman
Lennox
Inwood
Milford
Emmetsburg
Clear Lake
Olivet
Canton
Beresford
Sheldon
Hartley
Spencer
Algona
Garner
Thornton
Wagner
Yankton Ind. Res.
Pickstown
Tyndall
Lewis and Clark Lake
Sioux Center
Grotto of the Redemption
Marcus
Junction City
Sioux Rapids
Pocahontas
Belmond
Yankton
Akron
Le Mars
Cherokee
Storm Lake
Humboldt
Ft. Dodge
Clarion
Niobrara
Crofton
Vermillion
Elk Point
Missouri R.
Verdigre
Ponca
Sioux City
Holstein
Manson
Iowa Fs.
O'Neill
Santee Ind. Res.
Sth. Sioux City
Dakota City
Moville
Ida Grove
Early
Auburn
Rockwell City
Webster City
Hubbard
Plainview
Randolph
Winnebago Ind. Res.
Sloan
Story City
Elkhorn R.
Ewing
Neligh
Norfolk
Wayne
Omaha Ind. Res.
Pender
Walthill
Onawa
Mapleton
Carroll
Ogden
Boone
Ames
Des Moines R.
Nelight Mills
Tilden
Wisner
West Point
Decatur
Denison
Perry
Collins
Madison
Humphrey
Snyder
Oakland
Dunlap
Mondamin
Manning
Harlan
Panora
Ankeny
Urbandale
DES MOINES
Albion
Missouri Valley
Portsmouth
Exira
Stuart
Greeley
Genoa
Schuyler
North Bend
Hooper
Minden
Atlantic
Winterset
Norwalk
Red Rock Res.
Indianola
Fullerton
Columbus
Fremont
Oakland
Cumberland
125
131

120
132
A
B
C
1
2
3
4
5
6
Oregon
Range
Fremont Mountains
Great Sandy Desert
Klamath Mountains
Cascade Range
Redwood Empire
California
Sierra Nevada
Sacramento Valley
Diablo Range
San Joaquin Valley
Coast Ranges
PACIFIC OCEAN
EUGENE
Springfield
Florence
Reedsport
Cottage Grove
Oakridge
Lakeside
North Bend
Coos Bay
Bandon
Myrtle Point
C.Blanco
Port Orford
Roseburg
Sutherlin
Winston
Riddle
Tiller
Steamboat
Umpqua R.
Crater L.
Crater Lake Nat. Park
Union Creek
Grants Pass
Merlin
Agness
Gold Beach
Pistol River
Brookings
Kerby
Medford
Central Pt.
Ashland
Eagle Point
Mt.McLoughlin
Klamath Falls
Upper Klamath L.
Chiloquin
Chemult
Crescent
Paulina Pk.
Bend
Newb. Nat.Volc. Mon.
Maury Mts.
Hampton Butle
Silver Lake
Summer L.
L.Albert
Paisley
Valley Falls
Lakeview
Bly
Drews Res.
Goose L.
Merrill
Worden
Lower Klam.N.W.R.
Klam. M.N.W.R.
Lava Beds Nat. Mon.
Clear Lake Res.
Mt. Hebron
Hilt
Oregon Caves Nat. Mon.
Smith River
Pt. St. George
Crescent City
Redwood Nat. Park
Siskiyou Mts.
Happy Camp
Yreka
Klamath
Orick
Weitchpec
Hoopa Valley Ind.Res.
Somes Bar
Callahan
Thompson Pk.
Weed
Mt. Shasta
Castella
Willow Ranch
Cedarville
Upper L.
Middle Alkali L.
Lower L.
Alturas
Canby
Likely
Warner Mts.
Pondosa
Adin
Nubieber
Burney
Fall River Mills
Subway Caves
Shasta L.
Clair Engle L.
Weaverville
Redding
Burnt Ranch
Arcata
Eureka
Humboldt B.
Loleta
Fortuna
C. Mendocino
Scotia
Humboldt Redwoods State Park
Avenue of the Giants
Garberville
Platina
Cottonwood
Red Bluff
Lassen Pk.
Lassen Volcanic Nat. Park
Paynes Creek
Eagle Lake
Susanville
Ravendale
Litchfield
Honey L.
Westwood
Almanor
Greenville
Belden
Shelter Cove
Leggett
Mt. Lynn
Round Valley Ind.Res.
Corning
Los Molinos
Paskenta
Paradise
Chico
Keddie
Blairsden
Doyle
Chilcoot
Sierraville
Sparks
Fort Bragg
Elk Cr.
Orland
Oroville Res.
Oroville
Willows
Snow Mt.
Mendocino
Redwood Valley
Upper Lake
Gridley
Beale Airf. Base
Grass Valley
Truckee
Lake Tahoe
Ukiah
Clear L.
Hopland
Williams
Yuba City
Marysville
Colfax
Emigrant Gap
Pt. Arena
Lower Lake
Wheatland
Auburn
Pacific House
Sth. Lake Tahoe
Cloverdale
Calistoga
Woodland
Citrus Heights
Placerville
Sta. Rosa
Davis
SACRAMENTO
Jenner
Sebastopol
Vacaville
Elk Grove
Jackson
Tomales B.
Napa
Petaluma
Novato
Vallejo
Fairfield
Point Reyes Nat. Seashore
Pt. Reyes
Drakes B.
S.Anselmo
Sausalito
Richmond
CONCORD
Lodi
Stockton
Angels Camp
Sonora
Golden Gate Bridge
BERKELEY
OAKLAND
Manteca
Tracy
Oakdale
SAN FRANCISCO
Daly City
San Mateo
Hayward
MODESTO
Turlock
Groveland
El Portal
FREMONT
Palo Alto
SUNNYVALE
SAN JOSE
Los Gatos
Morgan Hill
Año Nuevo Pt.
Gilroy
Santa Cruz
Watsonville
Atwater
Merced
Mariposa
Oakhurst
Chowchilla
Los Banos
Berenda
Madera
Mendota
Monterrey Bay
Hollister
Pacific Grove
Monterey
Salinas
Soledad
Pinnacles Nat. Mon.
San Benito Mtn.
Five Points
King City
Hanford
Coalinga
Stratford
Selma
100 km

D
E
F
121
1
2
3
4
5
6
133
Idaho
Columbia
Plateau
Nevada
Great Basin
Steens Mountain
Alvord Valley
Owyhee Ridge
Ontario
Payette
Vale
Harper
Nyssa
Caldwell
BOISE
Horseshoe Bend
Ghost Town
Burns
Juntura
Lake Owyhee
Homedale
Nampa
Kuna Cave
Arrowrock Res.
Mayfield
Crane
Malheur L.
Malheur N.W.R.
Jordan Valley
Cinnabar Mtn.
Bruneau
Mountain Home
Glenns Ferry
Hagerman
Balanced Rock
Burns Junction
Blue Mt.Pass
Alvord L.
Riddle
Duck Valley Ind.Res.
Mountain City
Matterhorn
McDermitt
Ft.McDermitt Ind. Res.
Denio Junction
Trident Pk.
Granite Pk.
Sawtooth N.R.A.
Hyndman Pk.
Sun Valley
Smoky Mts.
Hailey
Magic Res.
Fairfield
Hill City
Carey
Richfield
Shoshone Ice Caves
Gooding
Shoshone
Jerome
Shoshone Fs.
Filer
Twin Falls
Oakley
Salmon Falls Cr.Res.
Rogerson
Contact
Montello
Oasis
Wells
Deeth
Elko
Wendover
Ruby Dome
Franklin
Spruce Mtn.
White Horse Pass
Ruby Mts
Sherman Mtn.
Ruby L.
Currie
Lage's
Goshute Ind. Res.
8h Gr.Time
7h Gr.Time
King Lear
Black Rock Desert
Midas
Winnemucca
Golconda
Sonoma Range
Sulphur
Rye Patch Res.
Gerlach
Humboldt
Mt.Tobin
Battle Mountain
Carlin
South Fork Ind.Res.
Trinity Range
Winnemucca L.
Lovelock
Carson Sink
Humboldt Salt Marsh
Shoshone Mountains
Roberts Creek Mtn.
Mt. Callaghan
Diamond Pk.
Eureka
Austin
McGill
Ely
Schell Creek Range
Wheeler Pk.
Lehman Caves
Great Basin N.P.
Fallon
Danger Area
Lahontan Res.
Middle Gate
Walker River Ind. Res.
Gabbs
Mt. Jefferson
Round Mountain
Big Smoky Valley
Monitor Range
Duckwater Pt.
Currant
Railroad Valley
Grant Ra.
Troy Peak
Walker L.
Hawthorne
Mina
Bodie Ghost Town
Mono Lake
Warm Springs
Kawich Peak
Tonopah
Coaldale
Benton
June Lake
L.Crowley
Devils Postpile Nat. Mon.
Goldfield
Nellis Tonopah Test Range A.E.C. Air Force Range
Rachel
Highland Pk.
Pioche
Panaca Summit
Caliente
Elgin
Alamo
Hancock Summit
Bald Mtn.
White Mts.
Bishop
Nth. Palisade
Big Pine
Inyo Mts.
Death Valley National Park
Scotty's Junction
Nevada Test Site
Beatty
Meadow Valley Wash
Desert N.W.R.
Moapa
Overton
Pine Ridge
Pine Flat Res.
Kings Canyon Nat. Park
Independence
Sanger
Giant Forest
Mt. Whitney
Sequoia Nat. Park
Owens Lake
Panamint Range
Panamint Springs
Daylight Pass
Amargosa Valley
Devil's Hole Nat. Mon.
Indian Springs
Charleston Pk.
Mt. Charleston
Death Valley Jct.
Pahrump
LAS VEGAS
Paradise
Lake Mead
Visalia
Exeter
Cartago

A
B
C
122
Sawtooth Rg.
Sawtooth N.R.A.
Hyndman Pk.
Smoky Mts.
Sun Valley
Hailey
Fairfield
Magic Res.
Arco
Saddle Mt.
Terreton
Dubois
Ashton
St. Anthony
Rexburg
Rigby
Driggs
Victor
Idaho National Engeneering and Environmental Lab
Atomic City
Idaho Falls
Snake River Plain
Craters of the Moon Nat. Mon.
Carey
Shoshone Ice Caves
Richfield
Gooding
Shoshone
Jerome
Minidoka
Rupert
Shoshone Fs.
American Falls
American Fs. Res.
Blackfoot
Fort Hall Ind. Res.
Pocatello
Bancroft
Soda Springs
Meade Pk.
Grays L.
Palisades Res.
Blackfoot Res.
Filer
Twin Falls
Burley
Idaho
Oakley
Sublett
Cache Pk.
Rogerson
Salmon Fs. Cr. Res.
Bannock Ra.
Pauline
McCammon
Downey
Malad City
Oxford Pk.
Holbrook
Strevell
Snowville
Raft R. Mts.
Contact
Grouse Creek
Preston
Weston
Lewiston
Logan
Montpelier
St. Charles
Bear Lake
Geneva
Border
Cokeville
Fossil Butte Nat. Mon.
Wasatch Ra.
Tremonton
Golden Spike N.H.S.
Great Salt Lake
Brigham City
OGDEN
Roy
Clearfield
Layton
Antelope I.
Bountiful
SALT LAKE CITY
Lucin
Montello
Oasis
Desert Pk.
Newfoundland Evaporation Basin
Utah Test and Training Range North
Carrington I.
Wendover
Great Salt Lake Desert
Bonneville Salt Flats
Knolls
Utah Test and Training Range South
White Horse Pass
Grantsville
Magna
Sandy
Tooele
Deseret Pk.
Skull Valley Ind. Res.
Dugway Proving Ground
Dugway
Granite Pk.
American Fork
Orem
Provo
Springville
Timpanogos Cave Nat. Mon.
Heber City
Uinta Mountains
Kings Peak
Uintah and Ouray
Strawberry Res.
Gusher
Myton
Duchesne
Ouray
Lage's
Goshute Ind. Res.
Haystack Pk.
Fish Springs N.W.R.
Vernon
Eureka
Utah L.
Payson
Elberta
Mona
Nephi
Levan
Ind. Res.
West Travaputs Plateau
Roan Plateau
Desolation Canyon
Price
Helper
Wellington
Sevier Desert
Sand Pass
Lynndyl
Delta
Sevier Bridge Res.
Scipio
Ephraim
Mt. Pleasant
Gunnison
Wasatch Plateau
Huntington
Price R.
Green River
Crescent Junction
Schell Creek Range
Ely
-8h Gr. Time
-7h Gr. Time
Wheeler Pk.
Lehman Caves
Great Basin N.P.
Sevier Lake
Holden
Kanosh
Salina
Pavant Ra.
Richfield
Mt. Marvine
Monroe
Sevier
Koosharem
Cove Fort
Marysvale
Loa
Torrey
Cathedral Valley
San Rafael Desert
Dirty Devil Riv.
Fremont Riv.
Hanksville
Canyonlands National Park
Arches Nat. Park
Desert Range
Indian Pt.
Milford
Minersville
Beaver
Antimony
Mt. Dutton
Sevier Riv.
Mt. Ellen
Capitol Reef Nat. Park
Glen Canyon National Recreation Area
Glen Canyon Reservoir
Natural Bridges Nat. Mon.
Abajo Pk.
Pioche
Lund
Modena
Panaca Summit
Caliente
Cedar City
Parowan
Brian Head
Beryl Jct.
Old Irontown Ruins
Cedar Breaks Nat. Mon.
Hatch
Bryce Canyon Nat. Park
Cannonville
Escalante
Ticaboo
Elgin
Veyo
Zion Nat. Park
Long Valley Jct.
Grand Staircase-Escalante Nat. Monument
Cigarette Springs Cave
Bluff
Meadow Valley Wash
St. George
Toquerville
Hurricane
Mt. Carmel Jct.
Orderville
Hildale
Kanab
Lake Powell
Rainbow Bridge Nat. Mon.
Navajo Mtn.
Monument Valley
Monument Valley Navajo Tribal Park
Mexican Hat
Monument Pass
Kaibab Ind. Res.
Fredonia
Pipe Spring Nat. Mon.
Page
Littlefield
Virgin Mts.
Overton
Jacob Lake
Colorado
Navajo Nat. Mon.
Kayenta
Marsh Pass
Navajo
Rough Rock
Yale Point
Lake Mead
Grand Canyon
Colorado Riv.
Kanab Cr.
Tuba
134
Moran
Jackson
Moose
Grand Teton Nat. P.
J.D. Rockefeller Jr. Mem. Parkway
Togwotee Pass
Hoback Jn.
Alpine Jn.
Bondurant
Gannett Pk.
Wind River
Freedom
Thayne
Grover
Smoot
Wyoming Ra.
Wyoming Pk.
Daniel
Boulder
Big Piney
Green River Basin
Fontenelle Res.
Fontenelle
Kemmerer
Sage
Granger
Green River
Evanston
Fort Bridger
Ft. Bridger S.H.S.
Flaming Gorge Res.
Coalville
Manila

123
100 km
Basin
Bighorn Mountains
Wyoming
Shoshone Basin
Great Divide Basin
Laramie Mts.
Medicine Bow Mts.
Park Ra.
Front Range
Gore Ra.
Sawatch Ra.
Elk Mts.
Grand Mesa
Uncompahgre Plateau
Sangre de Cristo Mountains
San Juan Mts.
San Luis Valley
Rocky Mountains
Colorado
New Mexico
Meeteetse
Worland
Winchester
Thermopolis
World's Largest Mineral Hot Sprs.
Wind River Ind. Res.
Boysen Res.
Shoshoni
Lysite
Kinnear
Riverton
Wind River
Lander
Sweetwater Station
Jeffrey City
Muddy Gap
Independence Rock S.H.S.
Pathfinder Res.
Seminoe Res.
Alcova
Casper
Kaycee
Barnum
Midwest
Powder River
Wright
Glenrock
Douglas
Orin
Glendo
Glendo Res.
Guernsey Res.
Guernsey
Ft. Laramie N.H.S.
Lingle
Torrington
Mitchell
Scotts Bluff Nat. Mon.
Wheatland
Grayrocks Res.
Chugwater
Hawk Springs
La Prele Ranger Station
Laramie Pk.
Medicine Bow
Como Bluff Fossil Beds
Wheatland Res. No. 2
Rock River
Bosler
Laramie
Woods Landing
Buford
Cheyenne
Pine Bluffs
Horse Creek
Hogback Mtn.
Lance Creek
Manville
Lusk
Harrison
Mule Creek Jn.
Upton
Four Corners
Hill City
Custer
Jewel Cave Nat. Mon.
Wind Cave Nat. Park
Hot Springs
Edgemont
Angostura Res.
Ardmore
Agate Fossil Beds Nat. Mon.
Cheyenne R.
Sweetwater R.
Nth. Platte R.
Rawlins
Point of Rocks
Wamsutter
Creston
Walcott
Saratoga Hot Springs
Medicine Bow Pk.
Bridger Pk.
Riverside
Baggs
Elkhead Mts.
Walden
Dinosaur National Monument
Maybell
Craig
Yampa R.
Steamboat Sprs.
Rabbit Ears Pass
Oak Creek
Yampa
Dinosaur
Rangely
Meeker
Kremmling
Granby
Rocky Mtn. Nat. Park
Estes Park
Longs Pk.
Virginia Dale
Rustic
Wellington
Ft. Collins
Loveland
Greeley
Eaton
Nunn
Hereford
New Raymer
Fort Morgan
La Salle
Longmont
Brighton
Wiggins
Boulder
Arvada
DENVER
LAKEWOOD
AURORA
Littleton
Bennett
Strasburg
Nederland
Empire
Silverthorne
Burns
Wolcott
Eagle
Vail
Minturn
Frisco
Breckenridge
Grant
Deckers
Castle Rock
Franktown
Kiowa
Agate
Larkspur
Woodland Park
Palmer Lake
Sima
Calhan
Yoder
U.S. Air Force Academy
Manitou Springs
COLORADO SPRINGS
Pikes Pk.
Fountain
Fort Carson
PUEBLO
Boone
Ordway
Rocky Ford
Florissant Fossil Beds Nat. Mon.
Cripple Cr.
Canon City
Florence
Royal Gorge
Rifle
Glenwood Springs
Carbondale
Meredith
Aspen
Aspen Mtn. Ski A.
Mt. Elbert
Leadville
Hartsel
Douglas Pass
De Beque
Collbran
Mack
Grand Junction
Colorado Nat. Mon.
Whitewater
Somerset
Hotchkiss
Crested Butte
Taylor Park
Buena Vista
Nathrop
Salida
Poncha Springs
Black Canyon of the Gunnison Nat. P.
Curecanti National Recreation Area
Gunnison
Montrose
Sapinero
Blue Mesa Res.
Doyleville
Cotopaxi
Gateview
Saguache
Westcliffe
Great Sand Dunes Nat. Mon.
Wet Mts.
Colorado City
Huerfano Riv.
Walsenburg
Gardner
Timpas
Naturita
Placerville
Ridgway
Ouray
Telluride
Uncompahgre Pk.
Red Mountain Pass
Creede
Cochetopa Hills
Silverton
South Fork
Center
Hooper
Mosca
Del Norte
Monte Vista
Alamosa
Blanca Pk.
Fort Garland
La Veta
Dove Creek
Pleasant View
McPhee Res.
Yucca House Nat. Mon.
Cortez
Mancos
Mesa Verde Nat. Park
Durango
Wolf Creek Pass
Pagosa Springs
Summit Pk.
Ute Pk.
Ute Moun.
Southern Ute Ind. Res.
Ignacio
Aztec Ruins Nat. Mon.
Aztec
Shiprock
Farmington
Bloomfield
Navajo City
Navajo Res.
Jicarilla Apache Ind. Res.
Chama
Tierra Amarilla
Cañon Plaza
Tres Piedras
Antonito
San Luis
Costilla
Questa
Eagle Nest
Wheeler Pk.
Taos
Rinconada
Ludlow
Trinidad
Raton Pass
Raton
Capulin Volcano Nat. Mon.
Laughlin Pk.
Springer
Fort Carson Mil. Res.
Thatcher
Navajo Nation
San Juan Basin
Sanostee
Nageezi
135

Dalton
Oshkosh
Stapleton
Arnold
Broken Bow
Loup City
Pine Bluffs
Kimball
Lake C. W. McConaughy
Buffalo Bill Ranch S.H.P.
Sidney
Lewellen
Ogallala
Sutherland
North Platte
Ansley
Chappell
Hereford
100 km
Peetz
Julesburg
Grant
Wallace
Oconto
Litchfield
Gothenburg
Miller
Crook
-7h Gr. Time
-6h Gr. Time
Lexington
Elm Creek
Kearney
New Raymer
Sterling
Haxtun
Holyoke
Maywood
N e b r a s k a
Frenchman R.
Imperial
Hugh Butler L.
Stockville
Harry Strunk L.
Elwood
Holdrege
Fort Morgan
Sth. Platte R.
Palisade
Cambridge
Arapahoe
Culbertson
Wiggins
Brush
Akron
Yuma
Benkelman
Trenton
McCook
Oxford
Alma
Harlan Country L.
Wray
Haigler
Strasburg
Last Chance
Anton
McDonald
Atwood
Norcatur
Norton
Geographical Center of Contermin.
Idalia
St. Francis
Oberlin
Phillipsburg
Beaver Cr.
Lenora
Kirwin Res.
Cope
Agate
Cedar Pt. 1830
Selden
Stockton
Colby
Hoxie
Arriba
Flagler
Stratton
Limon
Sima
Seibert
Burlington
Goodland
Sth. Fork Solomon Riv.
Hill City
Plainville
Oakley
Grainfield
Calhan
C o l o r a d o
Mt. Sunflower 1231
Yoder
Boyero
Wa Keeny
Cheyenne Wells
Sharon Springs
Russel Springs
Monument Rocks
Hays
Russell
Punkin Center
Smoky Hill Riv.
Kit Carson
Cedar Bluff Res.
Ransom
K a n
Liebenthal
Haswell
Eads
Sheridan Lake
Tribune
Leoti
Scott City
Dighton
Beeler
Ness City
Rush Center
Boone
Ordway
Bent's Old Fort N.H.S.
John Martin Res.
Pawnee Rock S.M.
Fort Larned N.H.S.
Rocky Ford
La Junta
Las Animas
Lamar
Bristol
Granada
Holly
Syracuse
Lakin
Jetmore
Kinsley
Timpas
Arkansas Riv.
Kendall
Garden City
Cimarron
Belpre
Old Ft. Dodge
Fort Thatcher Carson Mil. Res.
Ulysses
Ensign
Dodge City
Johnson
Springfield
Pritchett
Walsh
Copeland
Bucklin
Greensburg
Sublette
Minneola
Richfield
Red Hills 713
Kim
Moscow
Kismet
Meade
Silka
Mid America Air Mus.
Ashland
Protection
Black Mesa 1516
Campo
Rolla
Liberal
Folsom
Hooker
Forgan
Des Moines
Boise City
Eva
Rosston
Buffalo
Laughlin Pk. 2688
Grenville
Guymon
Elmwood
Waynoka
Clayton
Beaver
Gray
Fort Supply
Farley
Texhoma
Perryton
Woodward
Perico
Stratford
Gruver
Follett
Gage
Ute Cr.
Higgins
Arnett
Vici
Roy
Bueyeros
Dalhart
New Mexico
Amistad
Mosquero
Stinnett
Canadian Riv.
Canadian
Dumas
Borger
Rhea
Gallegos
Nara Visa
Romero
Lake Meridith
Alibates Flint Quarries Nat. Mon.
Channing
Miami
Rankin
Roll
Hammon
Pampa
Cheyenne
Canadian River
Logan
Wheeler
Sweetwater
Foss
AMARILLO (1120)
Sayre
Elk City
Tucumcari
Route 66
Vega
Panhandle
McLean
Shamrock
Erick
San Jon
1516
Conway
1242
Umbarger
Claude
Hobart
Ragland
Canyon
Grady
Hereford
Clarendon
Mangum
Palo Duro Canyon
Happy
Memphis
Hollis
Duke
Altus
Friona
Dimmitt
Tulia
Gould
Eldorado
Melrose
Silverton
Estelline
Childress
Ft. Sumner State Memorial
Clovis (1230)
Farwell
Hart
Quanah
Turkey
T e x a s
Portales
Muleshoe
Springlake
Plainview
Pease Riv.
Elida
Sudan
Lockney
Vernon
L l a n o E s t a c a d o (Staked Plain)
Littlefield
Floydada
Matador
Paducah
Crowell
Causey
Anton
Roaring Springs
Lake Kemp
Milnesand
Levelland
LUBBOCK
Crosbyton
Dickens
Benjamin
Mabelle
Guthrie
Seymour
124
136

OMAHA
Council Bluffs
LINCOLN
Columbus
Fremont
Grand Island
Hastings
Beatrice
Nebraska City
St. Joseph
KANSAS CITY
KANSAS CITY
INDEPENDENCE
Overland Park
TOPEKA
Lawrence
Manhattan
Junction City
Salina
Emporia
Hutchinson
WICHITA
Arkansas City
Independence
Coffeyville
Joplin
SPRINGFIELD
Bartlesville
Enid
TULSA
Muskogee
OKLAHOMA CITY
Midwest City
Norman
Lawton
Ardmore
McAlester
Fort Smith
Texarkana
Iowa
Missouri
Arkansas
Ozark Plateau
Ouachita Mts.
Flint Hills

125

137

126
A
B
C
1
2
3
4
5
6
RENO
Truckee
Lake Tahoe
Carson City
Dayton
Gardnerville
Yerington
Walker River Ind. Res.
Danger Area
Lahontan Res.
Middle Gate
Gabbs
Walker L.
Hawthorne
Mina
Sierra
Nevada
Gridley
Beale Airf. Base
Grass Valley
Emigrant Gap
Colfax
Williams
Yuba City
Marysville
Wheatland
Auburn
Pacific House
Sth. Lake Tahoe
Placerville
Citrus Heights
Woodland
Davis
Calistoga
Sta. Rosa
Vacaville
SACRAMENTO
Elk Grove
Napa
Fairfield
Vallejo
Novato
Petaluma
Jackson
Angels Camp
Sonora
Sonora Pass
Topaz Lake
Devils Gate
Bridgeport
Bodie Ghost Town
Mono Lake
Coaldale
Benton
Richmond
CONCORD
Lodi
Stockton
BERKELEY
OAKLAND
Sausalito
Manteca
Tracy
Oakdale
Groveland
El Portal
Yosemite Nat. Park
Mt. Dana
Mt. Ritter
June Lake
L. Crowley
White Mts.
SAN FRANCISCO
Daly City
San Mateo
Hayward
FREMONT
MODESTO
Turlock
Palo Alto
SUNNYVALE
SAN JOSE
Los Gatos
Morgan Hill
Gilroy
Coast Ranges
Diablo Range
San Joaquin Valley
Atwater
Merced
Mariposa
Oakhurst
Devils Postpile Nat. Mon.
Bishop
Nth. Palisade
Big Pine
Inyo Mts.
Death Valley
Año Nuevo Pt.
Santa Cruz
Watsonville
Hollister
Los Banos
Chowchilla
Berenda
Madera
Mendota
FRESNO
Clovis
Pine Ridge
Pine Flat Res.
Kings Canyon Nat. Park
Independence
Monterey Bay
Pacific Grove
Monterey
Salinas
Soledad
San Benito Mtn.
Pinnacles Nat. Mon.
Sanger
Selma
Dinuba
Giant Forest
Mt. Whitney
Sequoia Nat. Park
Owens Lake
Pt. Sur
Big Sur
Santa Lucia Range
King City
Five Points
Hanford
Goshen
Visalia
Exeter
Tulare
Cartago
Fort Hunter Liggett Mil. Res.
San Lucas
Coalinga
Stratford
Corcoran
Porterville
Ponderosa
China Lake Naval Weapon Station
Lockwood
Bradley
Avenal
Tulare Lake Bed
Tipton
Tule River Ind. Res.
Little Lake
Alder Pt.
Richgrove
Delano
Glennville
Isabella Lake
San Simeon
Paso Robles
Cholame
Lost Hills
Wasco
Lake Isabella
Inyokern
Atascadero
Blackwells Corner
BAKERSFIELD
Oildale
Estero Bay
Morro Bay
San Luis Obispo
Pt. Buchon
Simmler
Caliente
Tehachapi Pass
Arroyo Grande
McKittrick
Carrizo Plain Nat. Mon.
Arwin
Tehachapi
Cantil
Mojave
Guadalupe
Santa Maria
Maricopa
Wheeler Ridge
Gorman
Edwards
Boron
Edwards Air Force Base
Vandenberg Air Force Base
San Rafael Mts.
Tejon Pass
Lake Hughes
Lancaster
Surf
Pt. Arguello
Lompoc
Gaviota
Sta. Barbara
Sta. Paula
Castaic
Palmdale
Littlerock
Pinon Hills
Carpinteria
Ventura
Fillmore
Simi Valley
San Fernando
Burbank
PASADENA
GLENDALE
Santa Barbara Channel
Santa Cruz I.
OXNARD
Hollywood
Ontario
Channel Islands National Park
Santa Rosa I.
Sta. Monica
LOS ANGELES
Norwalk
ANAHEIM
TORRANCE
LONG BEACH
HUNTINGTON BEACH
Santa Barbara I.
San Clemente
Avalon
Santa Catalina I.
Gulf of Santa Catalina
San Nicolas I.
Channel Islands
U.S. Nav. Res.
San Clemente I.
China Point
SAN DIEGO
Cabrillo Nat.
Solana
PACIFIC OCEAN
100 km

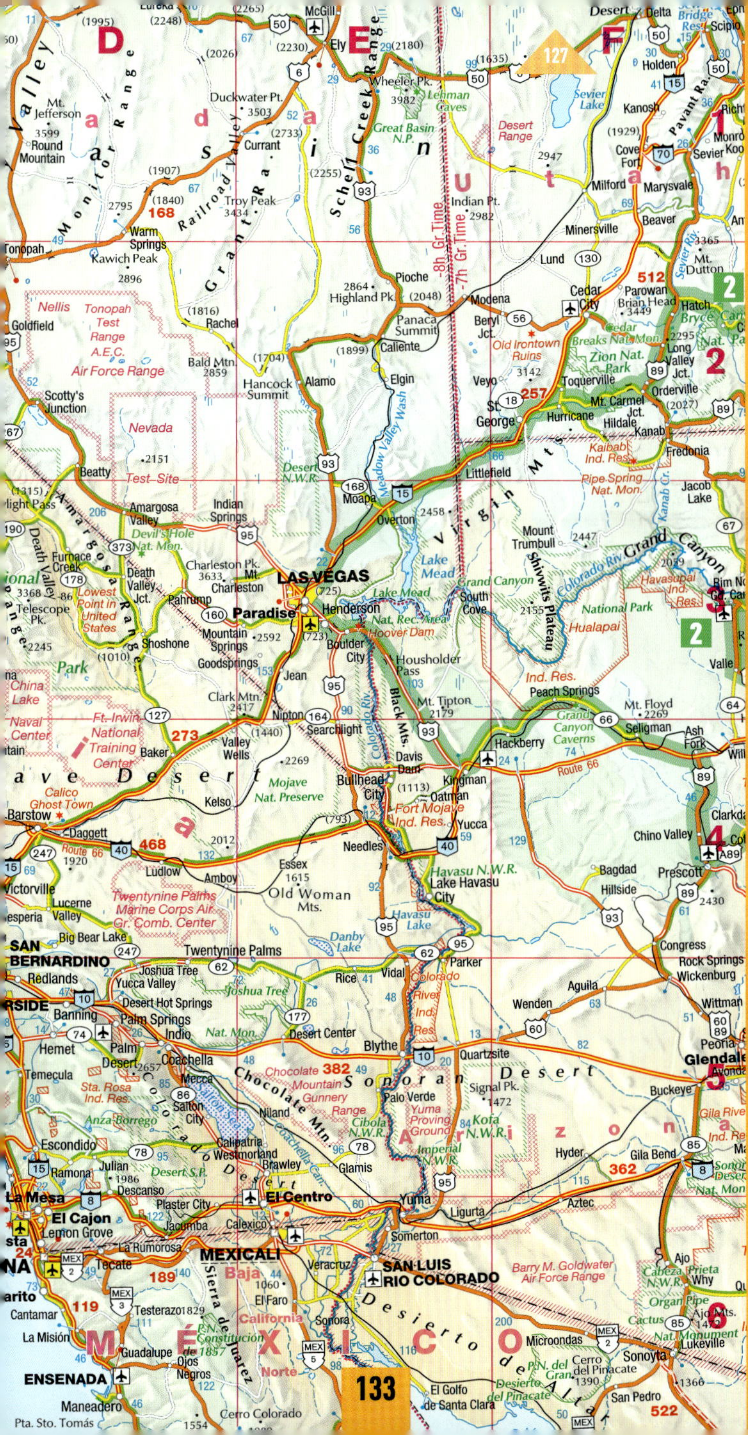

127
133
LAS VEGAS
Paradise
Henderson
Boulder City
Hoover Dam
Lake Mead
Lake Mead Nat. Rec. Area
Grand Canyon National Park
Hualapai Ind. Res.
Havasupai Ind. Res.
Kaibab Ind. Res.
Pipe Spring Nat. Mon.
Zion Nat. Park
Cedar Breaks Nat. Mon.
Bryce Canyon Nat. Park
Great Basin N.P.
Lehman Caves
Wheeler Pk.
Ely
McGill
Tonopah
Goldfield
Warm Springs
Rachel
Nellis Air Force Range
Tonopah Test Range A.E.C.
Nevada Test Site
Beatty
Death Valley
Death Valley Jct.
Furnace Creek
Amargosa Valley
Devil's Hole Nat. Mon.
Pahrump
Mojave Desert
Mojave Nat. Preserve
Barstow
Calico Ghost Town
Baker
Kelso
Needles
Bullhead City
Laughlin
Kingman
Oatman
Fort Mojave Ind. Res.
Lake Havasu City
Havasu N.W.R.
Parker
Colorado River Ind. Res.
Blythe
Twentynine Palms
Twentynine Palms Marine Corps Air Gr. Comb. Center
Joshua Tree Nat. Mon.
Palm Springs
Indio
Coachella
Salton Sea
Chocolate Mountain Gunnery Range
Brawley
El Centro
Calexico
Mexicali
Yuma
San Luis Rio Colorado
Sonoran Desert
Kofa N.W.R.
Yuma Proving Ground
Imperial N.W.R.
Cibola N.W.R.
Barry M. Goldwater Air Force Range
Organ Pipe Cactus Nat. Monument
Cabeza Prieta N.W.R.
Ajo
Gila Bend
Buckeye
Glendale
Peoria
Wickenburg
Prescott
Seligman
Grand Canyon Caverns
Route 66
San Bernardino
Riverside
Redlands
Hemet
Temecula
Escondido
El Cajon
La Mesa
Lemon Grove
Tecate
Ensenada
Desierto de Altar
El Golfo de Santa Clara
Sonoyta
Lukeville
MÉXICO
Arizona
Utah
Nevada
Cedar City
St. George
Kanab
Fredonia
Milford
Beaver
Caliente
Pioche
Alamo
Mesquite
Overton
Moapa
Littlefield
-8h Gr. Time
-7h Gr. Time

Colorado Plateau
Navajo Indian Reservation
Hopi
Painted Desert
Grand Canyon National Park
Havasupai Ind. Res.
Hualapai
Shivwits Plateau
Mount Trumbull
Rim North
Gd. Canyon
Tuba City
Moenkopi Wash
Marsh Pass
Rough Rock
Round Rock
Roof Butte
Canyon de Chelly Nat. Mon.
Chinle
Sanosti
Sheep Springs
Naschitti
Chuska Mts.
Sawmill
Ganado
St. Michaels
Gallup
Wingate
Hubbell Trading Post N. H. S.
Yale Point
Red Butte
Valle
Cameron
Kykotsmovi
Second Mesa
Wupatki Nat. Mon.
Sunset Crater Volc. Nat. Mon.
Humphreys Pk.
Flagstaff
Winona
Leupp
Dilkon
Indian Wells
Sanders
Zuni
Ramah
Zuni Ind. Res.
Peach Springs
Grand Canyon Caverns
Mt. Floyd
Seligman
Ash Fork
Williams
Route 66
Tuzigoot Nat. Mon.
Walnut Canyon Nat. Mon.
Winslow
Holbrook
Petrified Forest Nat. Park
Nav. Ind. Res.
Clarkdale
Sedona
Happy Jack
Cottonwood
Chino Valley
Bagdad
Prescott
Camp Verde
Montezuma Castle Nat. Mon.
Hillside
Heber
Snowflake
Hunt
Saint Johns
Springerville
Show Low
Pinetop-Lakeside
Payson
Congress
Rock Springs
Wickenburg
Aguila
Wittman
Verde River
Fort Apache Indian Reservation
McNary
Nutrioso
Alpine
Baldy Peak
Luna
Apache Creek
Gallo Mts.
Fort McDowell Ind. Res.
Th. Roosevelt Lake
Roosevelt
Sun City
Peoria
Glendale
Scottsdale
Avondale
MESA
Tonto Nat. Mon.
San Carlos Indian Reservation
Buckeye
PHOENIX
TEMPE
Apache Jct.
Miami
Globe
San Carlos
Whitewater B.
Florence Jct.
Superior
Gila River Ind. Res.
Florence
Gila River
San Carlos Lake
Bylas
Ft. Thomas
Morenci
Guthrie
Buckhorn
Gila Bend
Maricopa
Casa Grande
Winkelman
Pinaleno Mts.
Clifton
Silver City
Sonoran Desert Nat. Mon.
Eloy
Black Mtn.
Mammoth
Safford
Mt. Graham
Duncan
Tyrone
Arizona
Oracle
Oracle Jct.
Biosphere II
Redington
Ajo
Tohono O'Odham Indian Reservation
Ironwood F. Nat. Mon.
Marana
Cabeza Prieta N.W.R.
Why
Quijotoa
TUCSON
Willcox
San Simon
Lordsburg
Organ Pipe Cactus Nat. Monument
Ajo Mts.
Robles Jn.
South Tucson
Saguaro Nat. Park
Cochise
Ft. Bowie N. H. S.
Chiricahua Nat. Mon.
Kitt Peak Nat. Observatory
San Xavier Ind. Res.
Sells
Sahuarita
Benson
Pearce
Chiricahua Pk.
Animas
Sonoyta
Lukeville
Rodeo
Big Hatchet
San Pedro
Baboquivari Peak
Buenos Aires N.W.R.
Sonoita
Tubac
Sierra Vista
Tombstone
Sasabe
Tumacacori Nat. Mon.
Coronado Nat. Mon.
Bisbee
Animas Pk.
Desierto de Altar
Nogales
NOGALES
Paul Spur
Douglas
Agua Prieta
Saric
Cibuta
Sahuaro
Cananea
Fronteras
Caborca
Rio Altar
Imuris
Magdalena de Kino
San Miguelito
Rio de la Asunción
Altar
R. Magdalena
Santa Ana
MEXICO
Presa de la Angostura
Arizpe
R. Sonora
Nacozari de García
R. Bavispe
Bacerac
Bahía de Tepoca
Golfo de California
Benjamin Hill
Meresichic
Sierra de S. Antonio
Villa Hidalgo
Cumpas
Puerto Libertad
Huasabas
Baviácora
Moctezuma
-7h Gr. Time
-6h Gr. Time
Carretera Interamericana
Carbó
El Oasis
Rayón
Divisaderos
Nacori Chico
Sonora
100 km
Cabo Tepoca
Bahía Sargento
Pico de Johnson
Mazocahui
Ures
San Pedro de la Cueva
R. Papigochic
Presa Plutarco Elías Calles
HERMOSILLO
Laguna Playa Noriega
Rio Sonora
Mazatán
Sahuaripa
Bacanora
Isla Tiburón
Punta Colorado
Bahía Kino
San Pedro
Isla S. Lorenzo
Isla S. Esteban
San José de Dimas

128

D
E
F
1
2
3
4
5
6
Jicarilla Apache Ind. Res.
Bloomfield
Nageezi
Counselors
Pueblo Pintado
Cuba
Torreon
Hospah
La Cueva
San Ysidro
Jemez Pueblo
Bandelier Nat. Mon.
Los Alamos
Española
Abiquiu
Coyote
San Pedro Mtn.
Chicoma Mtn.
Cañon Plaza
Rinconada
Taos
Taos Pueblo
Wheeler Pk.
Nest
Placitas
Mora
Nth. Truchas Pk.
Nambe Ind. Res.
Santa Fe
Glorieta
Pecos N.H.P.
Lamy
Las Vegas
Fort Union National Monument
Ocate
Cimarron
Springer
Wagon Mound
Watrous
Trujillo
Farley
Clayton
Roy
Bueyeros
Amistad
Mosquero
Gallegos
Conchas Lake
Canadian River
Nara Visa
Logan
Conchas Dam
Tucumcari
San Jon
Route 66
Newkirk
Grady
Ragland
Santa Rosa
Dilia
Pecos Riv.
San Mateo
Marquez
Mt. Taylor
Bernalillo
ALBUQUERQUE
Cañoncito Ind. Res.
Cubero
Laguna
Acoma Ind. Res.
Laguna Ind. Res.
Isleta Ind. Res.
Isleta
Los Lunas
Tijeras
Moriarty
Clines Corners
Estancia
Encino
Pastura
Vaughn
Lake Sumner
Ft. Sumner
Ft. Sumner State Memorial
Melrose
Clovis
Portales
Belen
Willard
Mountainair
Alamo Navajo Ind. Res.
Salinas Pueblo Miss. Nat. Mon.
Bernardo
Abo Pass
Corona
Ramon
Datil
Magdalena
Socorro
Rio Grande
Datil Well Nat. Rec. Site
Horse Springs
South Baldy
Bingham
San Antonio
Mesa
Elida
Causey
New Mexico
Coyote
Bosque del Apache N.W.R.
White Sands Missile Range
Carrizozo
Capitan
Arabela
Elkins
Milnesand
Pecos Plains
Sierra Blanca Peak
Hondo
Roswell
Tatum
Monticello
Elephant Butte Res.
Salinas Pk.
Three Rivers
Ruidoso
Mescalero Apache Ind. Res.
Hagerman
Lovington
Truth or Consequences
Las Palomas
Caballo Res.
Caballo
Arrey
White Sands Space Harbor
San Andres Mts.
Tularosa
Alamogordo
Artesia
Maljamar
Hillsboro
San Lorenzo
Bayard
Hatch
Rincon
White Sands Nat. Mon.
Mayhill
Sacramento Mts.
Pinon
Lakewood
Lake McMillan
Radium Springs
Orogrande
Carlsbad
Eunice
Las Cruces
University Park
Ft. Bliss
Military Res.
Carlsbad Caverns Nat. Park
Akela
Deming
San Antonio Mtn.
Malaga
Jal
Anthony
Newman
Guadalupe Pk.
Pine Springs
Guadalupe Mts. Nat. Park
Red Bluff Lake
Kermit
Columbus
Hueco
Salt Basin
Orla
CIUDAD JUÁREZ
EL PASO
Zaragoza
Clint
Fabens
Pyote
Pecos
Toyah
Laguna de Guzmán
Samalayuca
Guadalupe de Bravo
El Porvenir
Ft. Hancock
Sierra Blanca
Fort Quitman Ruins
Van Horn
Kent
Verhalen
Guzmán
Laguna El Barreal
Ascensión
Banderas
Eagle Mts.
Boracho Pk.
Balmorhea
Lucero
Laguna de Santa María
El Carrizal
Villa Ahumada
R. Bravo del Norte
R. Grande
Lomas de Arena
Valentine
Mount Livermore
Davis Mts.
Fort Davis
Ft. Davis N.H.S.
Marfa
Alpine
Cathedral Mtn.
Nuevo Casas Grandes
Carretera Interamericana
Sierra del Huesco
Santiago Mts.
Galeana
Moctezuma
R. Flores Magón
El Sueco
Barranco de Guadalupe
Ruidosa
Chinati Pk.
Ojo de Carrizo
Sierra Grande
Shafter
Buenaventura
PAN AM
Chihuahua
Zaragoza
Arados
Coyame
Presidio
Ojinaga
Ft. Leaton S.H.S.
Lajitas
Gómez Farías
Namiquipa
Benito Juárez
Laguna El Cuervo
El Pastor
Río Conchos
San Pedro
Potrero del Llano
Madera
Oscar Soto Máynes
Matachic
El Saúz
El Morrión
Aldama
Manuel Benavides
Cañon Santa Elena
P.N. Cumbres de Majalca
Cumbres de Majalca
Presa Luis L. León
Báchiniva
CHIHUAHUA
130

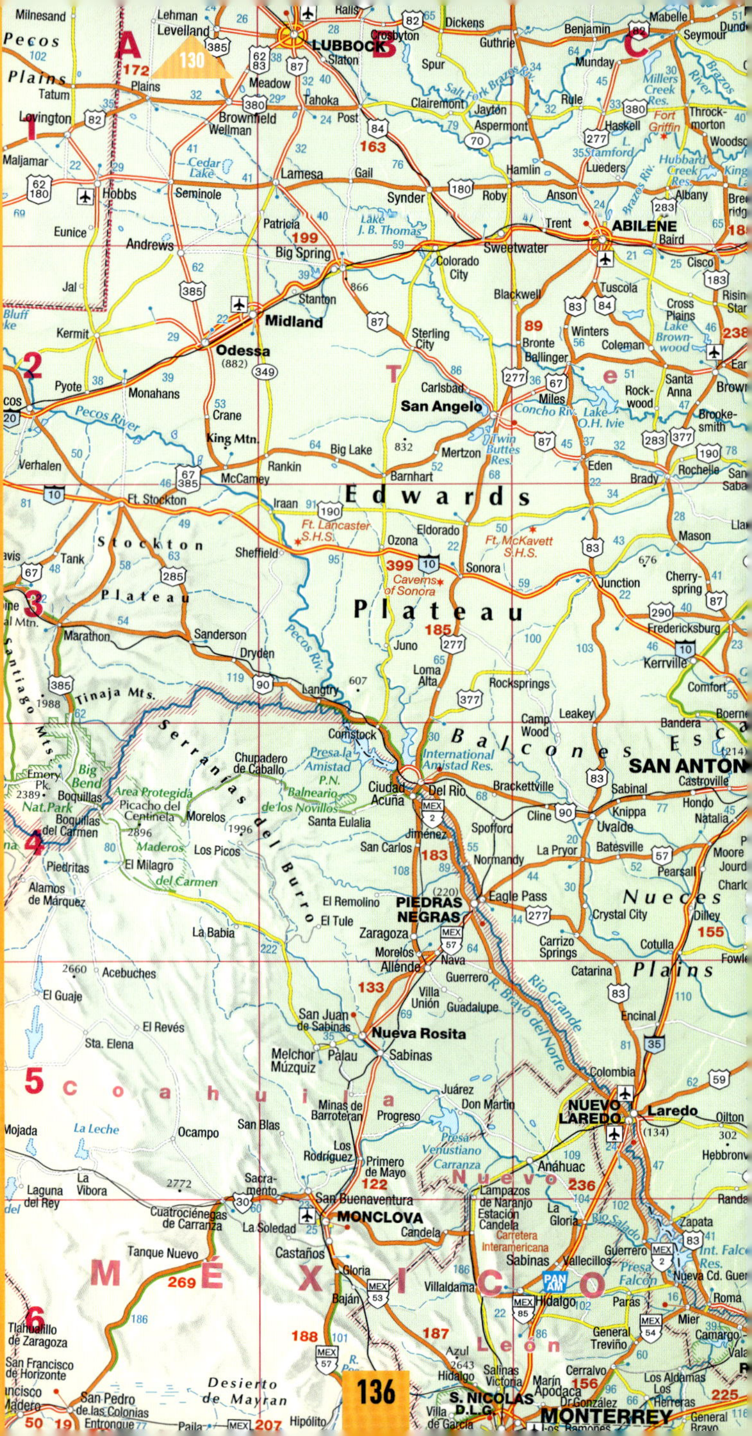

130
Lubbock
Levelland
Lehman
Milnesand
Pecos Plains
Tatum
Plains
Lovington
Maljamar
Hobbs
Eunice
Jal
Kermit
Andrews
Seminole
Brownfield
Wellman
Meadow
Slaton
Tahoka
Post
Crosbyton
Dickens
Spur
Guthrie
Benjamin
Munday
Seymour
Mabelle
Clairemont
Jayton
Aspermont
Rule
Haskell
Stamford
Throckmorton
Fort Griffin
Lueders
Albany
Hamlin
Anson
Roby
Synder
Gail
Lamesa
Patricia
Big Spring
Lake J. B. Thomas
Colorado City
Sweetwater
Trent
Abilene
Baird
Cisco
Tuscola
Blackwell
Winters
Bronte
Ballinger
Coleman
Cross Plains
Lake Brownwood
Santa Anna
Rockwood
Brookesmith
Brady
Rochelle
Midland
Odessa
Stanton
Sterling City
Carlsbad
San Angelo
Miles
Lake O.H. Ivie
Concho Riv.
Twin Buttes Res.
Mertzon
Eden
Pyote
Monahans
Crane
King Mtn.
Rankin
Big Lake
Barnhart
Pecos River
Verhalen
McCamey
Ft. Stockton
Iraan
Edwards
Ft. Lancaster S.H.S.
Ozona
Eldorado
Ft. McKavett S.H.S.
Mason
Sheffield
Sonora
Caverns of Sonora
Junction
Cherry-spring
Fredericksburg
Kerrville
Comfort
Stockton Plateau
Tank
Marathon
Sanderson
Dryden
Plateau
Juno
Loma Alta
Rocksprings
Langtry
Pecos Riv.
Tinaja Mts.
Santiago Mts.
Serranías del Burro
Comstock
Camp Wood
Leakey
Bandera
Balcones Esc
San Antonio
Presa la Amistad P.N.
International Amistad Res.
Del Rio
Ciudad Acuña
Brackettville
Sabinal
Castroville
Hondo
Natalia
Chupadero de Caballo
Balneario de los Novillos
Big Bend Nat. Park
Emory Pk.
Boquillas
Boquillas del Carmen
Area Protegida Maderos del Carmen
Picacho del Centinela
Morelos
Santa Eulalia
Cline
Knippa
Uvalde
Spofford
Jiménez
San Carlos
La Pryor
Batesville
Pearsall
Normandy
Eagle Pass
Piedras Negras
Nueces Plains
Crystal City
Dilley
Piedritas
El Milagro
Los Picos
Alamos de Márquez
El Remolino
El Tule
La Babia
Zaragoza
Morelos
Allende
Nava
Carrizo Springs
Cotulla
Catarina
Acebuches
El Guaje
Guerrero
Villa Unión
Guadalupe
R. Bravo del Norte
Rio Grande
Encinal
San Juan de Sabinas
Nueva Rosita
Sabinas
El Revés
Sta. Elena
Melchor Múzquiz
Palau
Colombia
Coahuila
Juárez
Don Martin
Nuevo Laredo
Laredo
Oilton
Minas de Barroterán
Progreso
Mojada
La Leche
Ocampo
San Blas
Los Rodríguez
Primero de Mayo
Presa Venustiano Carranza
Nuevo
Anáhuac
Hebbronville
Laguna del Rey
La Víbora
Sacramento
San Buenaventura
Monclova
Lampazos de Naranjo
Estación Candela
La Gloria
Río Salado
Zapata
Cuatrociénegas de Carranza
La Soledad
Candela
Carretera Interamericana
Guerrero
Int. Falcon Res.
Presa Falcon
Tanque Nuevo
Castaños
Sabinas
Vallecillos
Nueva Cd. Guerrero
México
Gloria
Villaldama
Hidalgo
Parás
Roma
Baján
Mier
Camargo
Tlahualillo de Zaragoza
General Treviño
León
San Francisco de Horizonte
Azul
Hidalgo
Salinas Victoria
Cerralvo
Los Aldamas
Desierto de Mayran
San Pedro de las Colonias
Entronque
Paila
Hipólito
Marín
Apodaca
Dr. González
Los Herreras
S. Nicolas D.L.G.
Monterrey
Villa de García
General Bravo
136

D
E
F
1
2
3
4
5
6
DALLAS
Richardson
Irving
GARLAND
Plano
Mesquite
FT. WORTH
ARLINGTON
Denton
McKinney
Sherman
Denison
Gainesville
Bonham
Paris
Clarksville
Texarkana
New Boston
Atlanta
Greenville
Sulphur Springs
Mt. Pleasant
Commerce
Cooper
Bogata
Leonard
Farmersville
Rockwall
Terrell
Quinlan
Quitman
Mineola
Winnsboro
Daingerfield
Naples
Jefferson
Gilmer
Longview
Marshall
Bossier City
SHREVEPORT
Springhill
Oil City
Waskom
Kilgore
Henderson
Carthage
Tenaha
Mansfield
Center
Nacogdoches
Lufkin
Diboll
Pineland
Burr Ferry
Jasper
Woodville
Kirbyville
Silsbee
Kountze
BEAUMONT
Vidor
Orange
Nederland
P. Arthur
Sabine L.
Tyler
Chandler
Athens
Canton
Edgewood
Kemp
Gladewater
Sandy Hills
Troup
Jacksonville
Palestine
Elkhart
Alto
Crockett
Lovelady
Trinity
Madisonville
Livingston
Huntsville
Conroe
Cleveland
Liberty
Dayton
Humble
HOUSTON
Baytown
Winnie
PASADENA
La Porte
Pearland
Dickinson
Texas City
Galveston
Port Bolivar
Bolivar Pen.
High Island
McFaddin N.W.R.
Galveston Island
La Marque
Alvin
Angleton
Freeport
Lake Jackson
West Columbia
Sugar Land
Missouri City
Katy
Sealy
Rosenberg
Wharton
El Campo
Bay City
Palacios
Big Boggy N.W.R.
Tres Palacios Bay
Port Lavaca
Point Comfort
Edna
Victoria
Goliad
Cuero
Yoakum
Hallettsville
Schulenburg
Flatonia
Columbus
Eagle Lake
Bellville
Hempstead
Brenham
Navasota
College Station
Bryan
Hearne
Franklin
Cameron
Rockdale
Caldwell
Somerville L.
Giddings
La Grange
Bastrop
Elgin
AUSTIN
Round Rock
Taylor
Leander
Lake Travis
L.B. Johnson N.H.P.
San Marcos
Lockhart
Monument Hill S.H.S.
New Braunfels
Seguin
Universal City
La Vernia
Gonzales
Harwood
Stockdale
Floresville
Pleasanton
Karnes City
Kenedy
Three Rivers
Tilden
George West
Beeville
Mathis
Sinton
Woodsboro
Tivoli
Rockport
San Jose Island
Aransas Pass
Aransas N.W.R.
San Antonio Bay
Matagorda Peninsula
Portland
Robstown
CORPUS CHRISTI
Corpus Christi Bay
Mustang I.
Alice
San Diego
Bishop
Kingsville
Riviera
Baffin Bay
Falfurrias
Encino
Agua Nueva
Rachal
Padre Island
Padre Island National Seashore
Laguna Madre
Laguna At. N.W.R.
Edinburg
Edcouch
McAllen
Pharr
Weslaco
Mercedes
Harlingen
San Benito
Port Isabel
Pt. Isabel Lighthouse S.H.S.
BROWNSVILLE
Playa Lauro Villar
MATAMOROS
Río Bravo
Gulf of Mexico
WACO
Bellmead
Mexia
Marlin
Hewitt
Old Fort Parker S.H.S.
L. Limestone
Buffalo
Fairfield
Corsicana
Kerens
Cayuga
Marquez
Rosebud
Milano
Temple
Belton
Killeen
Fort Hood M.R.
Copperas Cove
Lampasas
Lake Buchanan
Burnet
Marble Falls
Inner Space Caverns
L. Granger
Moody
Gatesville
Evant
Hamilton
Valley Mills
Meridian
Hillsboro
Italy
Waxahachie
Ennis
Ferris
Mansfield
Burleson
Cleburne
Glen Rose
Stephenville
Acton S.H.S.
Weatherford
White Settlement
Haltom City
Euless
Azle
Mineral Wells
Graham
Jacksboro
Decatur
Windthorst
Bowie
Lake Arrowhead
Lake Ray Roberts
Lewisville L.
L. Lavon
Tawakoni
Fork Res.
Cedar Creek Res.
L. Palestine
L. Livingston
L. Conroe
L. Houston
Alabama and Coushatta Ind. Res.
Sam Rayburn Res.
Toledo Bend
Angelina Riv.
Sabine Riv.
Colorado Riv.
GULF COASTAL PLAIN
100 km

131

KARTENLEGENDE

Autobahn, mehrspurige Straße - in Bau Highway, multilane divided road - under construction		Autoroute, route à plusieurs voies - en construction Autopista, carretera de más carriles - en construcción
Gebührenpflichtige Straße - in Bau Toll road - under construction		Route à péage - en construction Carretera de peaje - en construcción
Fernverkehrsstraße - in Bau Trunk road - under construction		Route à grande circulation - en construction Ruta de larga distancia - en construcción
Hauptstraße Principal highway		Route principale Carretera principal
Nebenstraße Secondary road		Route secondaire Carretera secundaria
Fahrweg, Piste Practicable road, track		Chemin carrossable, piste Camino vecinal, pista
Straßennummerierung Road numbering	1 48 1 26 26	Numérotage des routes Numeración de carreteras
Entfernungen in mi. (USA), in km (CDN) Distances in mi. (USA), in km (CDN)	259 130 129	Distances en mi. (USA), en km (CDN) Distancias en mi. (USA), en km (CDN)
Höhe in Meter - Pass Height in meters - Pass	1365	Altitude en mètres - Col Altura en metros - Puerto de montaña
Eisenbahn - Eisenbahnfähre Railway - Railway ferry		Chemin-de-fer - Ferry-boat Ferrocarril - Línea marítima
Autofähre - Schifffahrtslinie Car ferry - Shipping route		Bac autos - Ligne maritime Transportador de automóviles - Ferrocarriles
Wichtiger internationaler Flughafen - Flughafen Major international airport - Airport		Aéroport importante international - Aéroport Aeropuerto importante internacional - Aeropuerto
Internationale Grenze - Provinzgrenze International boundary - Province boundary		Frontièr nationale - Limite ou de província Frontera nacional - Frontera provincial
Unbestimmte Grenze Undefined boundary		Frontièr d'Etat non définie Frontera indeterminada
Zeitzonengrenze Time zone boundary	-4h Greenwich Time -3h Greenwich Time	Limite de fuseau horaire Límite del huso horario
Hauptstadt eines souveränen Staates National capital	OTTAWA	Capitale nationale Capital de un estado soberano
Hauptstadt eines Bundesstaates Federal capital	PHOENIX	Capitale d'un état fédéral Capital de estado
Sperrgebiet Restricted area		Zone interdite Zona prohibida
Indianerreservat - Nationalpark Indian reservation - National park		Réserve d'indiens - Parc national Reserva de indios - Parque nacional
Antikes Baudenkmal Ancient monument		Monuments antiques Yacimiento arqueológico
Sehenswertes Kulturdenkmal Interesting cultural monument	*Fort Kent*	Monument culturel intéressant Monumento cultural de interés
Sehenswertes Naturdenkmal Interesting natural monument	*Niagara Falls*	Monument naturel intéressant Monumento natural de interés
Brunnen Well		Puits Pozo
Ausflüge & Touren Excursions & tours		Excursions & tours Excursiones & rutas

FÜR IHRE NÄCHSTE REISE

gibt es folgende MARCO POLO Titel:

DEUTSCHLAND
Allgäu
Amrum/Föhr
Bayerischer Wald
Berlin
Bodensee
Chiemgau/Berchtesgadener Land
Dresden/Sächsische Schweiz
Düsseldorf
Eifel
Erzgebirge/Vogtland
Franken
Frankfurt
Hamburg
Harz
Heidelberg
Köln
Lausitz/Spreewald/Zittauer Gebirge
Leipzig
Lüneburger Heide/Wendland
Mark Brandenburg
Mecklenburgische Seenplatte
Mosel
München
Nordseeküste Schleswig-Holstein
Oberbayern
Ostfriesische Inseln
Ostfriesland/Nordseeküste Niedersachsen/Helgoland
Ostseeküste Mecklenburg-Vorpommern
Ostseeküste Schleswig-Holstein
Pfalz
Potsdam
Rheingau/Wiesbaden
Rügen/Hiddensee/Stralsund
Ruhrgebiet
Schwäbische Alb
Schwarzwald
Stuttgart
Sylt
Thüringen
Usedom
Weimar

ÖSTERREICH | SCHWEIZ
Berner Oberland/Bern
Kärnten
Österreich
Salzburger Land
Schweiz
Tessin
Tirol
Wien
Zürich

FRANKREICH
Bretagne
Burgund
Côte d'Azur/Monaco
Elsass
Frankreich
Französische Atlantikküste
Korsika
Languedoc-Roussillon
Loire-Tal
Nizza/Antibes/Cannes/Monaco
Normandie
Paris
Provence

ITALIEN | MALTA
Apulien
Capri
Dolomiten
Elba/Toskanischer Archipel
Emilia-Romagna
Florenz
Gardasee
Golf von Neapel
Ischia
Italien
Italienische Adria
Italien Nord
Italien Süd
Kalabrien
Ligurien/Cinque Terre
Mailand/Lombardei
Malta/Gozo
Oberital. Seen
Piemont/Turin
Rom
Sardinien
Sizilien/Liparische Inseln
Südtirol
Toskana
Umbrien
Venedig
Venetien/Friaul

SPANIEN | PORTUGAL
Algarve
Andalusien
Barcelona
Baskenland/Bilbao
Costa Blanca
Costa Brava
Costa del Sol/Granada
Fuerteventura
Gran Canaria
Ibiza/Formentera
Jakobsweg/Spanien
La Gomera/El Hierro
Lanzarote
La Palma
Lissabon
Madeira
Madrid
Mallorca
Menorca
Portugal
Sevilla
Spanien
Teneriffa

NORDEUROPA
Bornholm
Dänemark
Finnland
Island
Kopenhagen
Norwegen
Schweden
Stockholm
Südschweden

WESTEUROPA | BENELUX
Amsterdam
Brüssel
Dublin
England
Flandern
Irland
Kanalinseln
London
Luxemburg
Niederlande
Niederländische Küste
Schottland
Südengland

OSTEUROPA
Baltikum
Budapest
Estland
Kaliningrader Gebiet
Lettland
Litauen/Kurische Nehrung
Masurische Seen
Moskau
Plattensee
Polen
Polnische Ostseeküste/Danzig
Prag
Riesengebirge
Russland
Slowakei
St. Petersburg
Tschechien
Ungarn
Warschau

SÜDOSTEUROPA
Bulgarien
Bulgarische Schwarzmeerküste
Kroatische Küste/Dalmatien
Kroatische Küste/Istrien/Kvarner
Montenegro
Rumänien
Slowenien

GRIECHENLAND | TÜRKEI | ZYPERN
Athen
Chalkidiki
Griechenland Festland
Griechische Inseln/Ägäis
Istanbul
Korfu
Kos
Kreta
Peloponnes
Rhodos
Samos
Santorin
Türkei
Türkische Südküste
Türkische Westküste
Zakinthos
Zypern

NORDAMERIKA
Alaska
Chicago und die Großen Seen
Florida
Hawaii
Kalifornien
Kanada
Kanada Ost
Kanada West
Las Vegas
Los Angeles
New York
San Francisco
USA
USA Neuengland/Long Island
USA Ost
USA Südstaaten/New Orleans
USA Südwest
USA West
Washington D.C.

MITTEL- UND SÜDAMERIKA
Argentinien
Brasilien
Chile
Costa Rica
Dominikanische Republik
Jamaika
Karibik/Große Antillen
Karibik/Kleine Antillen
Kuba
Mexiko
Peru/Bolivien
Venezuela
Yucatán

AFRIKA | VORDERER ORIENT
Ägypten
Djerba/Südtunesien
Dubai/Vereinigte Arabische Emirate
Israel
Jerusalem
Jordanien
Kapstadt/Wine Lands/Garden Route
Kenia
Marokko
Namibia
Qatar/Bahrain/Kuwait
Rotes Meer/Sinai
Südafrika
Tunesien

ASIEN
Bali/Lombok
Bangkok
China
Hongkong/Macau
Indien
Japan
Ko Samui/Ko Phangan
Malaysia
Nepal
Peking
Philippinen
Phuket
Rajasthan
Shanghai
Singapur
Sri Lanka
Thailand
Tokio
Vietnam

INDISCHER OZEAN | PAZIFIK
Australien
Malediven
Mauritius
Neuseeland
Seychellen
Südsee

REGISTER

In diesem Register sind alle in diesem Führer erwähnten Orte und Ausflugsziele verzeichnet. Halbfette Seitenzahlen verweisen auf den Haupteintrag, kursive auf ein Foto.

> SCHREIBEN SIE UNS!

Liebe Leserin, lieber Leser,

wir setzen alles daran, Ihnen möglichst aktuelle Informationen mit auf die Reise zu geben. Dennoch schleichen sich manchmal Fehler ein – trotz gründlicher Recherche unserer Autoren/innen. Sie haben sicherlich Verständnis, dass der Verlag dafür keine Haftung übernehmen kann.

Wir freuen uns aber, wenn Sie uns schreiben.

Senden Sie Ihre Post an die MARCO POLO Redaktion, MAIRDUMONT, Postfach 31 51, 73751 Ostfildern, info@marcopolo.de

IMPRESSUM

Titelbild: Oregon, Mustangs (Getty Images/Stone: Eastcott Momatiuk)
Fotos: Jorge Cosio S. (13 u.); © fotolia.com: DWP (101 u.r.); R. Gerth (4 l.); Getty Images/Stone: Eastcott Momatiuk (1); T. Shane Gilman (14 o.); HB Verlag: argus/Frischmuth (107), Bernhart (3 r., 82), Frischmuth (29, 44, 46/47, 53, 106, 106/107), Hackenberg (3 M., 56, 65), Leue (4 r., 27, 70, 80/81, 87, 89, 90, 93, 99), Piepenburg (26, 105); Ken Howard (101 M.l.); Huber: Damm (50/51), Giovanni Simeone (16/17, 30/31, 94/95), Huber (6/7, 63), Lawrence (42/43, 76/77), Orient (22), Ripani (23, 102/103); Barbie Hull (100 M.r.); © iStockphoto.com: Dalibor Danilovic (100 u.r.), dirkr (100 o.l.), Gabriel Nardelli (14 M.), Oksana Perkins (100 M.l.), sandsun (13 o.); Julep Nail Parlor Company: Alan Abramowitz (101 M. r.); Kenmore Air (101 o.l.); Laif: Artz (96), Heeb (24/25, 28, 54/55, 58, 60, 66, 68/69, 73, 118/119), Jonkmanns (74/75), Modrow (8/9); La Terra Magica: Lenz (3 l., 5, 19, 21, 37, 38), Vollmer (109); S. Layda (Klappe l., 22/23, 79); Look: Endler (Klappe M.), Heeb (35); Mauritius: Kaiser (84), Schmied (2 r.); moss wellness spa: Andrew Grant (15 u.); Okapia: Reinhard (11), Warden (Klappe r.); plus 49: Kierok (32); Seattle's Convention & Visitors Bureau (12 o.); T. Siegmann (2 l., 40); P. Spierenburg (28/29); T. Stankiewicz (49); Strike Holdings: Ken Rice (15 o.); K. Teuschl (142); Urban Assault (12 u.); viewfromaloft.typepad.com: Ed Fuentes (14 u.); E. Wrba (34, 139)

8., aktualisierte Auflage 2009

Verlegerin: Stephanie Mair-Huydts; Chefredaktion: Michaela Lienemann, Marion Zorn
Autor: Karl Teuschl; Redaktion: Marlis von Hessert-Fraatz
Programmbetreuung: Jens Bey, Silwen Randebrock; Bildredaktion: Gabriele Forst
Szene/24h: wunder media, München
Kartografie Reiseatlas: © MAIRDUMONT, Ostfildern
Innengestaltung: Zum goldenen Hirschen, Hamburg; Titel/S. 1–3: Factor Product, München
Sprachführer: in Zusammenarbeit mit Ernst Klett Sprachen GmbH, Stuttgart, Redaktion PONS Wörterbücher

Printed in Germany. Gedruckt auf 100% chlorfrei gebleichtem Papier

> UNSER AUTOR

MARCO POLO Insider Karl Teuschl im Interview

Karl Teuschl ist als Reisejournalist und Filmautor ständig im Westen der USA unterwegs, um spannende, neue Themen aufzuspüren.

Wie kamen Sie zum Reisejournalismus?

Ich habe früher in Los Angeles studiert und reise seit gut 20 Jahren durch Kanada und die USA – als Journalist und Autor sowie für Dokumentar- und Reisefilme. Eines meiner letzten Filmprojekte war z. B. ein Dokumentarfilm über eine der frühen spanischen Expeditionen durch Arizona und Kalifornien, die Anza-Expedition von 1775. So komme ich durch meine Arbeit immer wieder an ungewöhnliche Orte überall in Amerika.

Was reizt Sie an diesem Land?

Die Weite, der Platz den man auch im täglichen Leben in vielen Gebieten Westamerikas hat – das beeindruckt mich am meisten. Außerdem liebe ich die Wüste und vor allem das Klima im Südwesten, in Arizona und New Mexico. Man geht morgens aus der Tür: tiefblauer Himmel, warmer Wind auf der Haut. Traumhaft.

Doch gibt es hier Dinge, die Sie stören?

Was natürlich nervt, sind die in den letzten Jahren ständig wechselnden Einreise- und Sicherheitsprozeduren. Aber zumindest die Freundlichkeit der Grenzbeamten ist wieder besser geworden. Und zum Glück ist das alles schnell vergessen, wenn man mal im Land ist.

Was prädestiniert Sie als MARCO POLO Autor?

Viele Jahre lang habe ich als Reiseleiter mein Studium finanziert. Da bekommt man ein Gespür dafür, was Reisende wissen und erleben wollen: Nicht nur die Highlights und großen Sehenswürdigkeiten (die natürlich auch), sondern dazu die kleinen, stillen oder auch ungewöhnlichen Dinge eine Ecke weiter, über die man wirklich Zugang zum Land bekommt. Das indianische Café mit den fabelhaften Blaubeerpfannkuchen, der Wandertrail, auf dem man vielleicht sogar ganz nah zum Land auch Wale sieht. Solche Tipps zu entdecken, macht den größten Spaß. Es kommt auf die richtige Kombination an, damit eine Reise zum Erlebnis wird.

Und was essen Sie hier am liebsten?

Mein absoluter Favorit ist, selbst ein BBQ anzurichten – beim Campen in einem der Parks: frische Maiskolben von der Sorte *peaches and cream*, ein schönes Steak, dazu *baked potatoes* in Alufolie gewickelt und in die Glut gelegt – und der Abend ist perfekt. Anschließend gibt es *smores*, Marshmallows auf einem dünnen Blättchen Schokolade zwischen zwei Kekse geklemmt. Auch diese werden im Lagerfeuer in Alufolie kurz gebacken – und schmecken sensationell. Die Zutaten für mein BBQ gibt es im Sommer in jedem Supermarkt.

> BLOSS NICHT!

Einige Hinweise auf mögliche Gefahren und auf Dinge, die man besser meidet

Hände schütteln

Hi, how are you? Nice to meet you. Das sagt Ihnen einer zur Begrüßung, Sie freuen sich, strecken die Hand aus – und greifen ins Leere. Politiker schütteln sich die Hand, Vertragspartner und alte Freunde. Leute, die einander flüchtig kennen lernen, nicht. Es reicht völlig, seinen (Vor-)Namen zu nennen und *I'm doing fine* oder *My pleasure* zu murmeln.

Nachts im Park spazieren gehen

So verlockend Amerikas Parks sein mögen, nach Einbruch der Dunkelheit sind sie keineswegs mehr einladend. Denn in allen amerikanischen Großstädten ist die Zahl der Verbrechen, besonders der Gewaltverbrechen, hoch. Jugendbanden und bewaffnete Irre streifen umher. Der schöne Abendspaziergang, den Sie vielleicht von zu Hause gewohnt sind – hier sollte er unterbleiben!

Den Helden spielen

„Geld oder Leben!" – so lautet die alte Aufforderung, und sie gilt noch heute bei den zum Glück seltenen Überfällen. Sollte es einmal passieren: Leisten Sie auf keinen Fall Widerstand! Diejenigen, die Sie bedrohen, sind oft geübte Kämpfer, die auch vor Gewalttaten häufig nicht zurückschrecken. Geben Sie deshalb schnell Ihr Bargeld heraus. Und als Vorsichtsmaßnahme: Nehmen Sie wenig Bargeld mit, und zeigen Sie das, was Sie bei sich tragen, nicht.

Das Trinkgeld vergessen

Viele in Amerikas Dienstleistungsbetrieben arbeiten für ein minimales Fixum, manche leben ausschließlich vom Trinkgeld. Ein *tip* zu geben ist selbstverständlich. Im Restaurant sollten es 15 Prozent sein, es sei denn, das Trinkgeld ist schon in der Rechnung enthalten.

Rauchen

Kalifornien hat die Antiraucherbewegung erfunden, die übrigen Staaten folgen. Nirgendwo in öffentlichen Gebäuden, Restaurants, ja sogar Bars wird mehr geraucht. Hotels haben nur noch wenige – meist völlig verstänkerte – Raucherzimmer.

Nur auf Interstate-Highways fahren

Interstate-Highways sind meist langweilig. Parallel zu jeder Interstate gibt es oft eine ruhige Landstraße, auf der man mehr sieht. Ausnahme: In Großstädten kommt man auf den Interstates meist schneller und bequemer voran als auf den Stadtstraßen. Die Freeways sind z. B. in Los Angeles trotz aller Staus die einzig sinnvollen Verkehrswege.

Witze reißen

Und zwar an Flughäfen. Weder beim Security-Check noch bei der Grenzkontrolle schätzen die Beamten jedwede Sprüche über Terroristen oder versteckte Stinkbomben in den Socken. Im Sicherheitsbereich sind solche Witze sogar strafbar.